Isabella Uhl-Hädicke

**Warum machen wir
es nicht einfach?**

Isabella Uhl-Hädicke

Warum machen wir es nicht einfach?

Die Psychologie der Klimakrise

MOLDEN

Für all die Mutigen,
die die Welt verändern und
(trotz allem) dranbleiben

~

Für Helena,
mein Grund dranzubleiben

Erklären

Die Psychologie der Klimakrise

Verstehen

Darum machen wir es einfach nicht

Verändern

Was braucht es, dass wir es doch einfach machen?

Anhang

Erklären: Die Psychologie der Klimakrise

KAPITEL 1

Warum machen wir es nicht einfach?

Der erste Geburtstag meiner Tochter im Sommer 2021. Eine besondere Stimmung liegt in der Luft – Dankbarkeit darüber, wie groß unser Kind mittlerweile geworden ist und wie viel Glück sie tagtäglich in unser Leben bringt. Aber auch eine Brise Wehmut, wie schnell die Zeit vergeht. War es nicht erst gestern, dass ich mit dem winzigen Menschen, der ganz leicht in meinen beiden Händen Platz hatte, wenn ich sie zu einer Art Halbkugel formte, aus der Klinik nach Hause kam? Ein Gefühl innerlicher Zerrissenheit zwischen dem Wunsch, die Zeit anhalten zu können, und der Vorfreude auf die vielen zukünftigen schönen Momente und Abenteuer, die da noch kommen werden.

Die Aufregung beschränkte sich hauptsächlich auf uns Erwachsene. Für das Geburtstagskind selbst war es ein Tag wie jeder andere. Bis auf die Geschenke. Auch wenn wir versucht haben, das Ausmaß gering zu halten, durfte eine kleine Aufmerksamkeit doch nicht fehlen. Schließlich musste gefeiert werden, dass sie vor einem Jahr beschlossen hatte, das Licht der Welt zu erblicken. Von einer Freundin bekam sie einen Bildband mit dem vielversprechenden Titel: „Mein erstes Umweltbuch". Ganz nach dem Motto „was Hänschen nicht lernt, lernt Hans nimmermehr" könne so das kleine Mädchen bereits von Kindesbeinen an dazu beitragen, ebendiese Welt zu schützen. In bunten Farben mit ansprechenden Illustrationen werden Seite für Seite leicht umsetzbare Verhaltensweisen dargestellt. Der Clou daran – das Kind kann auf interaktive Art und Weise diese Handlung im Buch gleich „üben". Mit der Hilfe von einem Finger wird etwa eine Fläche bewegt, die dem illustrierten blonden Jungen dabei hilft, das Licht aus- und einzuschalten. Dasselbe Prinzip findet auch für alle weiteren Themenbereiche Anwendung. Ein achtsamer Umgang mit der Ressource Wasser soll dadurch vermittelt werden, dass das Kind mit seinen kleinen Fingerchen den Regler des Wasserhahns rauf- und runterbewegt und dadurch das Wasser zu- bzw. abdreht. Daneben ist ein fröhlich badendes Kind zu sehen. Gepaart ist das Ganze mit der Aufforderung: „Drehe beim Zähneputzen immer den Wasserhahn zu. So verbrauchst du nur so viel Wasser, wie du wirklich brauchst." Spielerisch wird das Kleinkind auch an die weiteren umweltfreundlichen Handlungen Mülltrennung und Schutz von Insekten durch den Bau eines Zuhauses herangeführt. Meine Tochter war von Beginn an Feuer und Flamme für das Buch. Auch wenn sie anfänglich noch nicht ganz den Dreh mit den Bewegungen raushatte und Unterstützung benötigte, ging es ihr nach ein paar Versuchen leicht von der Hand. Seitdem wird das Buch mehrmals täglich angesehen. Sie fordert es ein. Und immer wieder die gleiche Begeisterung. Auch wenn wir Erwachsene uns schon ein wenig sattgesehen haben, ist ihre unverfälschte, pure Begeisterung für die kleinen Dinge des Alltags auch ein Vorbild und Anstoß für uns, eingefahrene Routinen mit einem frischen Blick zu betrachten. Der Verlag wirbt im Klappentext des Kinderbuches damit, durch diese kleinen Alltagshandlungen gemeinsam die Welt retten zu können, da Umweltschutz – angeblich – kinderleicht sei. Dieses Buch regt auch mich zum Denken an. Ist das allerorts beschworene und plakative „Weltretten" tatsächlich so einfach? **Benötigt es nicht mehr, als im Alltag den Umweltschutz mitzudenken und dies in unterschiedliche einfache Handlungen einfließen zu lassen?** Und falls ja, warum machen wir es dann nicht einfach?

Szenenwechsel: Ein Sommerabend in der Stadt. Alle sind sichtlich erleichtert, dass die Luft langsam abkühlt und die teilweise unerträgliche Hitze des Tages allmählich doch schwindet. Zum Glück bleiben die Temperaturen angenehm genug, um im Beisein von FreundInnen einen lauen Abend im Gastgarten des Lieblingsrestaurants genießen zu können. Nach einem kurzen Update zur bisher erfolglosen Wohnungssuche von Karin und Jakob und den neuen Eskapaden des Vorgesetzten von Marie schwenkt das Gespräch zum aktuellen Weltgeschehen. Allen sitzen noch die omnipräsenten Bilder zu dem unbegreifbar schrecklichen Ausmaß von Dürrebränden in der einen Ecke der Welt und Hochwasserkatastrophen (fast) vor unserer Tür im Sommer 2021 in den Knochen. Die schrecklichen Szenen von in Flammen stehender Natur, so weit das Auge reicht, samt einem verschreckten und (leider oft zu spät) flüchtenden Tierreich; Häuser, die entweder in Sekundenschnelle vom Feuer verschluckt werden oder von der schier von der ungeheuren Kraft des aus den Regenmassen entstehenden Stroms mitgerissen werden. Für immer verschwunden. Für immer verschwunden und ruiniert ist auch das sich darin befindende Hab und Gut der darin wohnenden Personen und somit auch gefühlt ein Teil ihrer Geschichte; bis hin zu trauernden Angehörigen, die über den Verlust ihrer Liebsten verständlicherweise unter Schock stehen und es nicht begreifen können. Von den häufiger auftretenden Naturkatastrophen und dem damit verbundenen menschlichen Leid ist der Bogen ganz schnell zur Klimakrise gespannt. Die Gruppe ist sich einig, dass die Zeichen eindeutig sind und mittlerweile wirklich niemand mehr deren Existenz sowie den maßgeblichen menschlichen Beitrag dazu von der Hand weisen kann. Jakob echauffiert sich über das Totalversagen der Politik, Marie erzählt von der letzten Umweltsünde eines großen Lebensmittelproduzenten und Sebastian prangert das fehlende Umweltbewusstsein seines Nachbarn an. Der scheint noch nie etwas von Mülltrennung gehört zu haben und wirft ohne Scham seine schier unglaublichen Mengen an Plastikmüll gepaart mit noch genussfähigen Lebensmitteln in den Restmüll. Die Empörung ist groß! Die Schuldigen sind ausgemacht und die Gruppe kurz entlastet. Wir wissen, dass sich etwas ändern muss. Warum machen wir es dann nicht einfach? Das hitzige Gespräch wird durch die Kellnerin unterbrochen, die die bereits sehnlichst erwarten Speisen serviert. „Steak?" – „Hier!" – „Ossobuco?" – „Hier! Mmmh! Lecker!" – „Pizza mit extra Salami?" – „Ich bitte." Die Vorfreude aufs Essen ist allen ins Gesicht geschrieben. Ein kurzes „Lasst es euch schmecken, ihr Lieben!" kann man noch vernehmen und dann startet das fröhliche Schaufeln ...

Zwei Szenen aus dem Alltag gegriffen, die in abgewandelter Form den meisten von uns wohl bekannt vorkommen. Die Themen Klimakrise und Umweltschutz sind zum Dauerbrenner geworden. Auch wenn sie durch die Coronakrise in den Hintergrund gedrängt wurden, waren sie – zu Recht – natürlich nie ganz weg. Das Bewusstsein in der Gesellschaft ist so groß wie noch nie. Umweltfreundliche Produkte kommen im Mainstream an und setzen sich immer mehr durch. Während man beispielsweise vor fünfzehn Jahren die vegetarischen und veganen Produkte im Supermarkt erst nach intensiver Suche im letzten Eck versteckt finden konnte, wird einem heutzutage eine reichliche Auswahl geboten. So ziemlich jede Person kann eine Bandbreite an Handlungen aufzählen, um den Alltag so umweltfreundlich wie möglich zu gestalten. „Jeder noch so kleine Schritt" zählt – so hört man oft in diesem

Zusammenhang – genau so wie im anfangs erwähnten Kinderbuch meiner Tochter. Darum werden der eigene Alltag beleuchtet und spezifische Bereiche auserkoren, die nachhaltiger gestaltet werden sollen. Beispielsweise schnell das Wasser ausmachen während des Zähneputzens; Licht abdrehen, wenn man den Raum verlässt – vielleicht sogar der Einbau von Bewegungsmeldern; das gewissenhafte Trennen von Müll; das Pflanzen von bienenfreundlichen Blumen bei der alljährlichen Gartengestaltung. Oder nach dem Motto „Plastik pfui, Mehrweg hui!" eine Stofftasche im Kampf gegen die Klimakrise stolz vor der Brust tragen, um dem Umfeld klar zu signalisieren: „Ich habs verstanden! Ich gehöre zu den Guten!" Im Supermarkt greift man zum Bio-Obst, das in den mitgebrachten Gemüsenetzen verstaut wird. Ein inneres wohliges Gefühl macht sich breit. Seien wir uns ehrlich, es fühlt sich auch ein wenig befriedigend an, auf der „richtigen" Seite zu stehen und der Klimakatastrophe und dem riesigen Plastikmeer den Garaus zu machen. Klimaschutz kann so einfach sein! Wenn jede Person im Alltag ein paar kleine Schritte berücksichtigt, wären wir in Summe doch schon viel weiter, oder? Warum machen wir es dann nicht einfach?

Während eines Smalltalks mit der Person an der Kasse werden die Einkäufe in der mitgebrachten Stofftasche verstaut. Beschwingt, vielleicht kaum wahrnehmbar ein Lied summend, wird der Einkaufswagen souverän über den vollen Parkplatz manövriert. Hin zum eigenen fossil betriebenen Gefährt, wo alles schnell verladen wird. „Puh! Heute ist aber wieder viel los auf der Straße", wird mit leicht genervtem Unterton festgestellt, während darauf gewartet wird, sich in den Verkehrsfluss der Hauptstraße einordnen zu können …

Diese Szene oder auch die von dem eingangs geschilderten Sommerabend im Restaurant zeigen, dass wir trotz vorhandenem

Umweltbewusstsein immer wieder (oder öfter) gegensätzlich handeln. An dieser Stelle ist mir wichtig festzuhalten, dass es nicht darum geht, Fleischessende oder Autofahrende an den Pranger zu stellen. Im Gegenteil, diese Diskrepanz, dieses Paradoxon im Alltag begleitet uns alle in unterschiedlicher Form. Weil es eine wirklich komplexe und schwierige Situation ist! Bei genauerer Betrachtung zeigt sich nämlich: Natürlich sind die oben aufgezählten umweltfreundlichen Alltagshandlungen wichtig und richtig. Es braucht jedoch mehr. Viel mehr! Die wissenschaftlichen Belege sind seit Jahrzehnten klar: Wir Menschen sind die Hauptursache für die rasant fortschreitende Klimaveränderung – an der Stelle heißt es dann immer: menschengemacht – und neben der gesellschaftlichen kommen wir nicht ohne wirtschaftliche und politische Kursänderungen aus. Wir können zwar weiterhin Licht und Wasser in unseren eigenen vier Wänden abdrehen, aber ohne politische Rahmenbedingungen wird etwa eine weitreichende Veränderung unserer Mobilität kaum gelingen: Wenn es beispielsweise einen Billigflieger zur gewünschten Urlaubsdestination gibt, aber nur eine schlecht ausgebaute Alternative auf der Schiene, die noch dazu das Zehnfache kostet; oder wenn für den täglichen Weg zur Arbeit die Wahl eines öffentlichen Verkehrsmittels die Fahrtdauer vervierfacht, während man stattdessen mit seinem Auto gemütlich über die breit ausgebaute Schnellstraße gleiten könnte. Unsere Alltagsmobilität ist einer von vielen wichtigen Bausteinen, der gesamtheitlich angegangen werden muss, wenn wir den Konsequenzen der Klimakrise tatsächlich entgegenwirken wollen.

Vielleicht rollen Sie jetzt beim Lesen die Augen. Denn geflügelte Sätze wie diese sind in der Klimadebatte fast omnipräsent. Aber was bedeuten sie? Mit welchen Konsequenzen ist zu rechnen im Falle eines Nicht-Handelns? Werfen wir einen Blick darauf, wie sich ein Anstieg von 1,5 Grad der Globaltemperatur seit Beginn der Industrialisierung von 2 Grad plus hinsichtlich der zu erwartenden Auswirkungen unterscheidet. Plus 2 Grad bedeutet (im Vergleich zu plus 1,5 Grad), dass heutige Hitzerekorde Normalität werden. Die Wahrscheinlichkeit für die Wiederholung eines Hitzejahres wie 2016 liegen bei 88 % (versus 52 %). Das heißt, bei 1,5 Grad mehr wären wir im Schnitt jedes zweite Jahr davon betroffen, bei einer globalen Erhöhung um 2 Grad bereits in 9 von 10 Jahren. Dies bedeutet auch, dass mehr als 2 Milliarden Menschen (vs. 700 Millionen) unter extremen Hitzewellen leiden werden, die auch immer eine Vielzahl an Todesfällen fordern. Das halbe Grad entscheidet darüber, ob jeder zehnte oder jeder vierte Mensch auf der Erde betroffen ist. Die Hitze hat auch Konsequenzen für den Nordpol. Bei plus 2 Grad ist zu erwarten, dass das Nordpolarmeer im September, also zum Ende des arktischen Sommers, alle 3 bis 5 Jahre (versus alle 40 Jahre bei 1,5 Grad) eisfrei ist.

Da Wetterextreme allgemein ansteigen, macht sich die Veränderung auch bei der Zunahme an Kälteextremen bemerkbar. Diese werden öfter auftreten – konkret um rund 80 % (vs. 50 %) öfter. Auch Überschwemmungen nehmen zu: Das Risiko für Hochwasser durch Flüsse wird weltweit auf 21 % (versus 11 %) der Landflächen steigen. Auch wenn sie zunächst wie nüchterne Zahlen klingen, das halbe Grad verdoppelt die Anzahl an Risikozonen. In diesem Zusammenhang nimmt auch die Gefahr für Sturmfluten, die ansonsten etwa alle 500 Jahre zu erwarten sind, zu – im Vergleich auf im Schnitt alle 33 Jahre (versus 100 Jahre). Sie lieben es, im Meer zu schnorcheln oder zu tauchen? Dann bringt die folgende Veränderung leider schlechte Nachrichten: Bei einem Plus von 2 Grad werden fast gänzlich alle Korallenriffe (versus 70–90 %) weltweit einem Risiko von Korallenbleiche ausgesetzt sein und in der Folge abzusterben.[1]

Klingt beängstigend? Für mich definitiv. Vor allem, da wir mit unserem aktuellen CO_2-Ausstoß, also mit unserer momentanen Art zu leben, zu wirtschaften und Politik zu machen, es nicht mal schaffen würden, das 2-Grad-Ziel zu erreichen. Momentan liegen wir eher bei einem Anstieg von 3–4 Grad oder sogar mehr. Da bereits jedes halbe Grad einen gravierenden Unterschied macht, können Sie sich vorstellen, dass in diesem Szenario die Konsequenzen sich nochmals massiv verschärfen. Der Großteil von Inselstaaten und Küstenregionen verschwindet bzw. wird geflutet. Direkt betroffen sind Milliarden von Menschen unter anderem aus Metropolen wie New York, Hamburg, Shanghai oder Mumbai. Durch die noch weitere Zunahme an Wetterextremen und -katastrophen sowie Dürren werden immer mehr Teile der Erde unbewohnbar und Lebensmittel knapp. Das Ausmalen der Folgen für das menschliche Zusammenleben in einer Welt mit fehlenden Ressourcen und begrenztem Wohnraum überlasse ich Ihrer Fantasie[2] ... Aber bitte schlagen Sie jetzt nicht demonstrativ dieses Buch zu und laufen davon, die Frage ist noch immer: **Warum machen wir es nicht einfach?**

Wollen wir diese dramatischen Auswirkungen abfedern, braucht es Taten in vielen – eigentlich so gut wie allen – Lebensbereichen. Auch wenn man es nicht gern hört, Dinge wie beispielsweise das Setzen auf Mehrweg und Reduktion des Wasserverbrauchs im Haushalt fühlen sich oft ausreichend an – gepaart mit dem (trügerischen) positiven Gefühl, nicht untätig zu sein. Doch wir setzen nicht nur unsere Lebensqualität und -grundlage, sondern auch die zukünftiger Generationen – sprich: konkret deiner, meiner, unserer Kinder und Kindeskinder – aufs Spiel. Auch wenn diese ganzen Zukunftsbilder gefühlt weit weg zu sein scheinen, sind sie näher als gedacht. Auch wenn mir das Schreiben der nachfolgenden Zeilen als Mutter einer kleinen Tochter innerlich das Herz zerreißt: Statistisch gesehen wird meine Tochter (geboren 2020) eine Zunahme von 3–4 Grad noch erleben[3] und die geballten Konsequenzen zu spüren bekommen. Nun würde ich am liebsten davonlaufen ...

Doch warum fällt es uns trotz dieser mehr als beängstigenden Zukunftsvision so schwer, dieses Wissen und Sorgen in entsprechende Handlungen zu übersetzen? Warum weichen die diffusen Schuldgefühle und noch so gut gemeinten Vorsätze oft schneller, als man bis drei zählen kann, fest eingefahrenen, oft klimaschädigenden Routinen? Warum kommt beim Umsetzen eines klimafreundlichen Lebensstils so oft der Alltag dazwischen? Warum lösen die vorgestellten Zukunftsszenarien eher ein Gefühl von Lähmung aus und lassen es uns erst gar nicht versuchen, Klimaschutz in den Alltag zu integrieren. Angesichts dieser Situation drängt sich hier zum wiederholten Mal die Frage auf: **Warum machen wir es nicht einfach?**

2 Umweltpsychologie?! Therapierst du Blumen?

Dies ist eine Frage, die mich schon lange intensiv beschäftigt. Sogar so intensiv, dass ich mich tagtäglich auch beruflich damit auseinandersetze. Wer ich bin? Erlauben Sie, dass ich mich kurz vorstelle. Ich bin Isabella Uhl-Hädicke, Umweltpsychologin an der Universität Salzburg in Österreich. **Nein, zu mir kommen nicht Blumen und Pflanzen mit ihren Problemen auf die Couch.** Ich beschäftige mich in meiner Arbeit mit dem Menschen und wie er sich in der Umwelt verhält, und warum er sich so verhält, wie er sich verhält, kurz: mit menschlichem Umweltverhalten. Wichtige Fragen, die sich meine KollegInnen und ich stellen, sind etwa: Warum verharren wir so oft lieber in umweltschädigenden Verhaltensmustern und lassen den inneren Umweltschweinehund wieder mal gewinnen – obwohl wir es eigentlich besser wüssten? Wie wichtig sind finanzielle Anreize bei der Motivation von umweltfreundlichem Verhalten? Hat das Verhalten meiner Nachbarschaft Einfluss auf meinen eigenen nachhaltigen Lebensstil? (Spoiler: Ja – mehr dazu aber später.)

Keine klassische oder konventionelle Laufbahn nach einem abgeschlossenen Psychologiestudium – ich weiß. Aber für mich die perfekte Wahl. Wie es dazu kam und womit sich die Umweltpsychologie genau beschäftigt, dazu möchte ich Ihnen jetzt einen kurzen Einblick geben.

Von Sex and the City zu Öko in the City ...

Mit Anfang zwanzig malte ich mir mein Leben als Erwachsene wie eine Folge der berühmten Fernsehserie „Sex and the City" aus – mit den engsten Freundinnen in den trendigsten Bars und Restaurants abhängen, bunte Cocktails schlürfen, mit dem To-go-Becher in der Hand zum beruflichen Meeting eilen, erfolgreich sein – natürlich top gestylt. Nur schnell das Studium abschließen und dann einfach das Leben genießen. Ich war felsenfest überzeugt, daran konnte nichts falsch sein. Immer öfter sah ich mich jedoch mit Informationen konfrontiert, die meine ersehnte und heile „Sex-and-the-City-Welt" mehr und mehr ins Wanken brachten. Dazu zählten die Inhalte des Films „Plastic Planet", der auf das schier unfassbare Ausmaß an Plastik in unserem Leben samt den potenziell gesundheitsschädigenden Folgen von Weichmachern, die in einigen Kunststoffprodukten enthalten sind, aufmerksam macht. Erkenntnisse aus dem Buch „Schwarzbuch Markenfirmen", das Geschäftspraktiken allseits bekannter und beliebter Marken genauer unter die Lupe nimmt und aufzeigt, dass so manchem Unternehmenserfolg Ausbeutung,

Kinderarbeit, Finanzierung von Kriegen und Umweltzerstörung zu Grunde liegt. Oder auch Vorträge zum Thema Produktionsbedingungen und fairer Handel und insbesondere der Austausch mit Personen, die sich vor Ort ein Bild über die Lage machen und aus erster Hand weitergeben können, wie viel Menschenleid mit den Lieblingsprodukten in unseren Supermärkten verbunden ist (zum Beispiel Schokolade). Außerdem setzte ich mich zum ersten Mal wirklich mit dem Thema Klimawandel und was dies konkret bedeutet auseinander. Tatsachen und Begriffe, die vorher abstrakt und ehrlicherweise auch leicht zum Ausblenden waren, wurden plötzlich greifbar. Früher scheinbar irrelevant für den eigenen Alltag, wurden sie mit Leben gefüllt und führten mir vor Augen, dass ich mit meinen täglichen Entscheidungen sehr wohl einen Einfluss habe. Plötzlich sorgten der Biss in die beliebte Markenschokolade oder das Ergattern eines Modeschnäppchens nicht mehr nur für einen Ausstoß von Glücksgefühlen, sondern auch für einen fahl-bitteren Beigeschmack. Wie geht es eigentlich den Menschen, die die Kakaobohne angebaut oder das Kleidungsstück hergestellt haben? War er noch ein Kind? Musste er leiden, nur damit ich für wenige Sekunden Genuss erleben kann oder mir mehrmals im Monat im Shoppingrausch Shirts kaufen kann, die ich dann gar nicht wirklich oft trage. Kurz gesagt: **Wie viel Leid ist damit verbunden, dass ich ein scheinbar schönes Leben mit schönen Dingen führen kann?**

Es fühlte sich an wie ein Dominoeffekt. Je mehr Lebensbereiche ich genauer betrachtete und hinterfragte, desto größer wurde mein Bewusstsein für weitere Problemfelder. Oft fühlte es sich an wie ein Fass ohne Boden. Wie kann es sein, dass der für uns so normal gewordene Lebensstil, der niemandem etwas Böses möchte, so viele negative Konsequenzen für Mensch und Natur mit sich zieht? Ich war überfordert und verfluchte, um ehrlich zu sein, das neu gewonnene Wissen auch teilweise. Wieso soll ich mir die Anstrengung antun, jeden Lebensbereich zu beleuchten und zu ändern? Warum soll ich aktiv werden, während mein soziales Umfeld gleich bleibt? Und die große Frage: **Kann ich als Einzelperson überhaupt irgendwas bewirken?** Trotzdem wollte und konnte ich meine veränderte Sichtweise und die damit verbundenen Schuldgefühle nicht rückgängig machen. Schritt für Schritt ging ich es an – natürlich weit weg davon, alles perfekt zu machen. Einige Bereiche fielen mir leichter, einige schmerzten sehr, zum Beispiel die Reduktion des regelmäßigen Kaufs von konventioneller Mode. Es war insgesamt ein langer und schwieriger Prozess, bis ich mein Leben und meine gewohnte Art zu leben tatsächlich verändert habe. Und ehrlich gesagt ist diese Veränderung mehr ein Weg als ein Ziel. Auch heute gibt es noch Felder, die mir trotz meiner mittlerweile jahrzehntelangen Anstrengungen, ein umwelt- und klimafreundliches Leben zu führen, schwerer fallen.

Neben den Veränderungen in den persönlichen Lebensbereichen wollte ich mich aber auch beruflich den Themen Umwelt- und Klimaschutz und lebenswerte Zukunft zuwenden. Während meines Psychologiestudiums konnte ich als studentische Hilfskraft Einblicke in den Forschungsprozess erlangen und war fasziniert von den Erkenntnissen und der wissenschaftlichen Vielfalt. Gerade rund um den Themenbereich Psychologie ranken sich oft Mythen, da schließlich jede und jeder Erfahrungen mit Menschen macht – und gern allgemeingültige Regeln davon ableitet. Wie oft höre ich: „Ja, Menschen sind eben so, denn meine Freundin hat in der Situation auch so gehandelt." In der wissenschaftlichen Psychologie werden aber scheinbar allgemeingültige Annahmen der Gesellschaft empirisch hinterfragt und überraschend oft auch widerlegt. Studien zeigen zum Beispiel, dass ein in der Praxis oft eingesetzter externer Anreiz wie Geld oder Belohnung eine Verhaltensänderung motiviert – jedoch nur solange er da ist. Gibt es keinen externen Grund mehr, wird die gewünschte Handlung sogar noch weniger häufig gezeigt als vor der Einführung des Anreizes.[4] Oder, dass die gut gemeinte Warnung auf Zigarettenpackungen, dass Rauchen schädlich für die Gesundheit ist, unter den Rauchenden sogar für mehr Widerstand sorgt.[5]

Diese Welt gefiel mir und diese Art des Arbeitens fand ich hochinteressant. Ich plante nach dem Studium ein Doktorat und wollte der Forschungsfrage: „Wann handeln Menschen umweltfreundlich und wann tun sie es nicht?" nachgehen. Eifrig stürzte ich mich in die Literaturrecherche und stieß auf eine Reihe von relevanten Arbeiten, die vor allem eines gemeinsam hatten: Die meisten waren im Bereich der Umweltpsychologie angesiedelt.

Diese Disziplin beschäftigt sich mit der Wechselwirkung zwischen Mensch und der (bebauten) Umwelt. Das heißt, auf der einen Seite wird untersucht, welchen Einfluss verschiedene Umgebungen wie beispielsweise intakte, grüne Wälder, aber auch von Beton nur so strotzende Großstädte auf den Menschen haben. Insbesondere wie sich diese auf das menschliche Erleben, Verhalten und Wohlbefinden auswirken. Umgekehrt beschäftigt sich die Umweltpsychologie auch mit dem Einfluss, den der Mensch durch sein Verhalten auf ebendiese Umwelt hat. Dabei versucht diese Wissenschaftsdisziplin zu **verstehen**, wann und weshalb Menschen umweltfreundlich handeln – oder eben nicht. Das Erkennen von diesen entscheidenden Einflussfaktoren, die im Laufe dieses Buches noch genauer besprochen werden, ermöglicht es, noch einen Schritt weiter zu gehen – nämlich zu Möglichkeiten zum **Fördern** von umweltfreundlichen Verhaltensweisen.

Diese Bandbreite an Themen gab es nicht von Anfang an. Die Disziplin hat unterschiedliche Entwicklungsstadien durchlaufen. Ursprünglich beschäftigte sie sich primär mit dem ersten Schwerpunkt, also dem Einfluss, den die Umwelt auf das menschliche Verhalten und Wohlbefinden hat. Dabei wurde beispielsweise untersucht, wie Wohnhäuser, Büros, aber auch Krankenhäuser konzipiert und gebaut werden sollten, um das menschliche Wohlbefinden optimal zu unterstützen. Diese Phase wird deshalb als die der „archetektonischen Psychologie" bezeichnet.

Im Laufe der Zeit verlagerte sich jedoch dieses Forschungsinteresse. Als Wissenschaftsdisziplin, die den Anspruch hat, für gesellschaftliche Herausforderungen Lösungen zu finden, reagierte sie auf das steigende Umweltbewusstsein in der Bevölkerung. Immer mehr Studien konzentrierten sich auf die negativen Auswirkungen von Umweltproblemen auf menschliche Gesundheit und Wohlbefinden. Langsam machte sich aber auch der heutige zweite Schwerpunkpunkt bemerkbar: Möglichkeiten, um die Ursache von Umweltproblemen, nämlich umweltschädigendes Verhalten, zu ändern, gewannen immer mehr an Bedeutung. Darum spricht man ab Ende der 1960er Jahre auch von der Phase der „grünen Psychologie". Damals standen vor allem Phänomene wie Luftverschmutzung und Lärmbelastung im Zentrum des Interesses. Dieses verlagerte sich in den 1970er Jahren auf Themen wie Energieversorgung und -verbrauch und in den 1980er Jahren auf die Diskrepanz zwischen Einstellung und dem tatsächlichen Konsumverhalten.

Langsam, aber doch rückten der Klimawandel und die damit verbundene zentrale Rolle des menschlichen Verhaltens immer stärker in den Diskurs der Öffentlichkeit. Dies griff die Umweltpsychologie-Community auf und beschäftigte sich stärker mit Faktoren, die die Bereitschaft für einen klima- und umweltfreundlichen Lebensstil erklären und in der Folge auch Möglichkeiten, diesen zu fördern. Stück für Stück wurde dies zum Hauptinteressensgebiet der Umweltpsychologie, wodurch sich das Feld immer mehr zur *„Psychologie der Nachhaltigkeit"* entwickelte.[6]

Eine tolle Möglichkeit, einen kompakten Überblick über die aktuelle Forschungslandschaft zu bekommen, bieten Konferenzen, wie zum Beispiel die „International Conference of Environmental Psychology", die alle zwei Jahre an unterschiedlichen Orten stattfindet. Zuletzt fand sie physisch vor Ort – wieder alle Erwartungen wegen der Corona-Lage – im Oktober 2021 in Siracusa, Sizilien, statt. Ein Blick ins Programm verrät: Beiträge zur Erklärung und Veränderung des menschlichen Verhaltens in Bereichen wie Klimawandel, Plastikverschmutzung, nachhaltiger Konsum, Energieverbrauch und politische Partizipation machen einen Großteil der aktuellen Forschungsarbeiten aus. Ich sitze meist gebannt in den verschiedenen Vorträgen und sauge wie ein Schwamm die Vielfalt der Umweltpsychologie auf. Was die Veranstaltung darüber hinaus besonders macht, sind neben den fachlichen Inputs die Möglichkeiten zum informellen Austausch. Plötzlich sitzt man beim „Conference Dinner", dem gemeinsamen Abendessen zum Abschluss, neben einer der Größen des Feldes am Tisch und diskutiert die eigene Forschungsarbeit bei einem Glas Wein. Unvergessen bleibt für mich der Austausch mit einem als besonders kritisch bekannten – und diese Anmerkungen auch sehr unverblümt und direkt äußernden – Professor. Nachdem er meinem Vortrag am Nachmittag beigewohnt hat, wollte er noch ein paar Ideen und Anmerkungen diskutieren. Unser Gespräch wurde mit einem: „Keep up with your interesting work, Isabella!" abgerundet. Welch Motivationsbooster für meine Arbeit!

Generell erlebe ich die Forschungscommunity meines Feldes als sehr wohlwollend und unterstützend, so dass ich mich auch immer auf das Wiedersehen der Personen freue. Außerdem verbindet kaum etwas mehr, als wenn man sich zum Beispiel wie bei der Konferenz 2019 in Plymouth, UK, beim Ausprobieren eines lokalen Volkstanzes im Raum herumhüpfend zum Kasperl macht – vom Doktoranden bis hin zur renommiertesten Professorin. Jedes Mal wieder fühle ich mich nach dem Besuch bestärkt in der Wahl meines Berufsfeldes und kann es kaum erwarten, meine neu gewonnen Ideen und Inspirationen, zurück zuhause, umzusetzen.

In meiner wissenschaftlichen Arbeit gehe ich dem Auseinanderklaffen zwischen Wissen und Handeln in Bezug auf die Klimakrise genauer auf den Grund. Die Erkenntnisse, die den Menschen als Hauptverursacher identifizieren und dringend eine gesellschaftliche, politische und wirtschaftliche Kursänderung einmahnen, sind seit Jahrzehnten am Tisch. **Das Wissen ist vorhanden und man kann sich den Fakten kaum noch entziehen.** Doch warum schaffen wir es, wie beim eingangs erwähnten Restaurant- oder Supermarktbesuch, aber auch vielen anderen Lebenslagen dann trotzdem so oft nicht, das vorhandene Bewusstsein und latente Unwohlsein in entsprechende Handlungen zu übersetzen. Diese Diskrepanz entzieht sich oft aller Logik und trieb meine wissenschaftliche Neugierde an. Ein Blick in die Medien, Kampagnen von NGOs oder auch Reden von Personen, die sich für eine nachhaltige Zukunft einsetzen, zeigt: Oft wird von der Annahme ausgegangen, dass man durch das Aufzeigen der Fakten wachrütteln und zum Handeln motivieren kann. Plakate großer Umweltorganisationen spielen mit Weltuntergangsszenarien, die Medien überschlagen sich in den letzten Jahren gefühlt mit (leider nicht fiktiven) Horrormeldungen rund um die Auswirkungen des Klimawandels sowie weiterer Umweltkatastrophen, und immer mehr Prominente, von denen man es im ersten Moment weniger erwarten würde, wie Arnold Schwarzenegger und Leonardo DiCaprio, mahnen ein Umdenken ein. Trotz allem scheint es, dass wir Menschen oft lieber untätig dieser existentiellen Bedrohung entgegensehen. Wieso handeln wir nicht, solange wir das Ausmaß noch abmildern können? Warum schreckt die Menschheit vor Verhaltensänderungen zurück, die aktuell ein viel geringeres Ausmaß hätten als eine spätere Anpassung an eine Welt, in der die Klimakrise sich bereits in ihrem vollen Ausmaß entfaltet? Schlicht und einfach, die bereits bekannte Frage: **Warum machen wir es nicht einfach?**

KAPITEL 3 Einblicke in meine Forschung: Hemmen uns Klimawandelinformationen?

Ein Grund ist, dass eine Auseinandersetzung mit einer existentiellen Bedrohung oft eher das Auftreten unerwünschter Nebenwirkungen motiviert statt wirksamer Handlungen. Aber mehr dazu gleich – starten wir mit einem kurzen Einblick in den Aufbau von umweltpsychologische Forschungsarbeiten: Untersucht man den Einfluss von spezifischen Nachrichten oder Bildern auf Einstellung und Verhalten, arbeitet man mit unterschiedlichen Gruppen. Ein Teil der Personen, die Experimentalgruppe, bekommt beispielsweise die Nachricht oder das Bild, deren Einfluss getestet werden soll. Der andere Teil, die Kontrollgruppe, bekommt einen neutralen Text, in dem der Teil, der getestet werden soll, nicht enthalten ist. Danach werden die Werte der beiden Gruppe statistisch verglichen. Unterscheiden sich die Verhaltensweisen der beiden Gruppen statistisch signifikant, geht man davon aus, dass es auf die Wirkung der Nachricht oder des Bildes zurückzuführen ist. Dieses Schema bitte im Hinterkopf behalten, denn es kommt in den nachfolgend dargestellten Studien zum Einsatz.

Zahlreiche psychologische Studien zeigen, dass unmittelbar nach einer Konfrontation mit einer existentiellen Bedrohung, wie die Klimakrise definitiv eine ist, Menschen in eine Art Schockstarre verfallen. Um es mit einer Analogie aus der Tierwelt zu erklären: Stellen Sie sich eine Maus vor, die ihre Höhle verlassen möchte, um an Nahrung zu kommen. Am Weg nach draußen begegnet sie jedoch einer höchst existentiellen Gefahr – einer Katze. Die Maus stoppt alle Handlungen und ist in einer Art Starre gefangen. Sie hat eine erhöhte körperliche Anspannung (= körperliche Erregtheit), weil das Erleben einer solch existentiellen Bedrohung auch ziemlich beängstigend ist; versucht einerseits die Anwesenheit der Katze, also der Bedrohung, auszublenden (= Vermeidungsverhalten); ist aber andererseits auch aufmerksamer (= Vigilanz), denn wo eine Bedrohung ist, lauern vielleicht noch mehr. Wie kommt die Maus jetzt aber aus diesem Strudel an unwohlen Bedrohungsgefühlen raus? Sie kann ja schließlich nicht tagelang regungslos im Höhleneingang verharren, sondern muss Wege finden, wieder ihren Alltag bestreiten zu können.

Kommen wir von der Tierwelt zurück zu uns Menschen. Hier zeigt die Forschung, dass Personen unterschiedliche Mechanismen haben, um dieses Bedrohungsgefühl zu überwinden: **direkte** und **symbolische**. Direkte Reaktionen stehen im Zusammenhang mit der Bedrohungsquelle. Schlägt eine Person in der Früh während des Trinkens des morgendlichen Kaffees die Zeitung auf und liest Schlagzeilen wie: „Klimawandel wird Europa früher und härter treffen als erwartet", kann sie dem diffusen Bedrohungsgefühl direkt begegnen. Konkret heißt das, dass sie beschließt, die Verantwortung im eigenen Lebensumfeld anzunehmen, also zum Beispiel mit einem öffentlichen Verkehrsmittel oder dem Rad zur Arbeit fährt; beim Mittagsbuffet nicht automatisch zum Schnitzel, sondern zum leckeren Gemüsegericht greift; zu einem Ökostromanbieter wechselt und ihren Haushalt nach Stromfressern überprüft; oder ihre Stimme für eine ambitioniertere Klimapolitik hörbar macht, indem sie Klimapetitionen oder -proteste unterstützt. Die Bandbreite an möglichen Handlungen für einen klimafreundlichen Lebensstil ist groß. Trotzdem fällt es oft schwer, den beängstigenden Zukunftsbildern, die die Konsequenzen des Klimawandels zeichnen, auf diese direkte Art und Weise zu begegnen. Stattdessen wird das mulmige Gefühl mit Hilfe von symbolischen Reaktionen verarbeitet.[7] Diese haben keinen unmittelbaren Zusammenhang mit der Bedrohungsquelle selbst, also in unserem Fall dem Klimawandel. **Die Reaktionsmuster scheinen auf den ersten Blick auch etwas überraschend und kontraintuitiv.** Eine Reihe an Experimenten zeigt[8]: Nachdem Personen sich mit einer existentiellen Bedrohung beschäftigt haben, tendieren sie dazu, ihre Weltanschauungen, Werte, Eigengruppen sowie in der Gesellschaft vorhandenen sozialen Regeln im Sinne von „das gehört sich so" stärker zu verteidigen. Dies zeigt sich beispielsweise durch eine verzerrt positivere Wahrnehmung von Gruppen, denen man selbst angehört, gepaart mit einem gleichzeitig verstärkten Abwerten von Fremdgruppen – bis hin zu einer Gipfelung in Nationalismus; oder darin, dass man Personen, die von der gesellschaftlichen Norm abweichen, negativer beurteilt; das geht sogar so weit, dass man Personen, die eine andere Weltanschauung als die eigene haben, stärker bestrafen würde. Konkret wurde dafür in einem Experiment den Teilnehmenden zuerst ein Text vorgelegt, in dem die besagte (und natürlich fiktive) Person ihre konträren Ansichten darstellt. Im Anschluss wurde ein Teller mit Essen serviert samt der Information, dass dieses in der Folge von dem „Abweichling" gegessen werden würde. Die Teilnehmenden hatten davor noch die Möglichkeit, der Speise „den letzten Schliff" zu geben. Dafür bekamen sie eine Flasche mit dem scharfen Gewürz Tabasco und konnten so viel, wie sie wollten, verwenden. Personen, die vorab mit einer existentiellen Bedrohung konfrontiert wurden, langten ziemlich zu und bestraften die andersgesinnte Person somit indirekt in einem stärkeren Ausmaß als Personen in der Kontrollgruppe.[9] In einer der ursprünglichen Untersuchungen zeigte sich, dass selbst Personengruppen, deren Job es ist, möglichst objektiv zu beurteilen, ebenfalls in diese Verhaltensfalle tappen: RichterInnen. Diese wurden gebeten, ein Strafmaß für eine Straftäterin festzulegen. Die Gruppe, die davor über ihre eigene Sterblichkeit (= existentielle Bedrohung) nachgedacht hatte, legte ein höheres Strafmaß fest als Personen in der Kontrollgruppe, die neutrale Informationen bekommen hatte.[10]

Die bisherige Forschung hat solche symbolischen Reaktionen auf unterschiedliche existentielle Bedrohungen, wie das Auseinandersetzen mit der eigenen Sterblichkeit gefunden. Mich hat in meinem Forschungsprojekt interessiert, ob auch eine Konfrontation mit dem Klimawandel solche augenscheinlich irrationalen Verhaltensweisen hervorrufen kann.

Konkret habe ich dafür einen Teil der Personen Informationen zu den beängstigenden Konsequenzen der Klimakrise vorgelegt, die uns bei einem weiteren Nicht-Handeln aller Wahrscheinlichkeit nach bevorstehen. Dies waren Aussagen wie *„Das Süßwasser aus der Gletscherschmelze ist ein wichtiges Trinkwasserreservoir. Durch das vorausgesagte komplette Abschmelzen der Gletscher wird es zu einem empfindlichen Einbruch der Wasserversorgung kommen."* Wenn Sie den Absatz davor aufmerksam gelesen haben, werden Sie richtig vermuten – das war die Experimentalgruppe. Personen in der Kontrollgruppe hatten neutrale Informationen, die keinen bedrohlichen Charakter hatten, wie *„Der Planet Erde hat einen Durchmesser von 12.700 Kilometern und ist in etwa 4,6 Milliarden Jahre alt. Er hat ein Gewicht von 5,972 Tausend Trillionen Tonnen."*

Im Anschluss wollte ich es genauer wissen: **Wie reagieren Personen nun auf Informationen zum Klimawandel?** Dafür wurden die beiden möglichen direkten und symbolischen Verhaltensweisen eingefangen: die direkte Reaktion in Form eines Fragebogens, der die Personen bat, anzugeben, wie hoch ihre Bereitschaft ist, umweltfreundliche Handlungen innerhalb des nächsten Jahres im Alltag umzusetzen. Die Liste enthielt Tätigkeiten wie das Wiederverwenden von Verpackungen (Glasflaschen, Plastikflaschen), Abdrehen von Lichtern, die unnötigerweise an sind (z. B. in Räumen, in denen sich gerade niemand befindet), oder sich einer Umweltorganisation anschließen bzw. diese unterstützen.

Wie bereits oben beschrieben, können symbolische Reaktionen sich auf unterschiedliche Art zeigen. In meinen Studien habe ich zum Beispiel das Maß „Ethnozentrismus" herangezogen. Ethnozentrismus bedeutet, dass jemand seine eigene Ethnie aufwertet und fremde Ethnien abwertet. Der dazugehörige Fragebogen enthielt Aussagen wie „Ich glaube nicht, dass es zu unserem Vorteil ist, sich mit Personen von anderen Kulturen und ethnischen Gruppen zu mischen" oder „Unserer Kultur würde es viel besser gehen, wenn wir Personen aus anderen Kulturen draußen lassen würden". Je stärker die Zustimmung zu solchen Aussagen, desto höher das Level an Ethnozentrismus.

Zusammengefasst zeichnete sich folgendes Bild ab: Die Strategie des „Wachrüttelns durch Fakten" steigerte die Bereitschaft für einen klimafreundlichen Lebensstil nicht. Personen, die über die Konsequenzen des Klimawandels informiert wurden, unterschieden sich in ihrer Motivation, klimafreundliche Handlungen in ihren Alltag zu integrieren, nicht. Im Gegenteil, in einer Studie waren Personen in der Experimentalgruppe sogar weniger bereit dafür. Dies gilt nicht für bereits umweltfreundlich eingestellte Personen, in Psychologisch: Personen mit hohen Umweltwerten. Für diese scheint der Klimawandeltext wie eine Stärkung ihrer Werte zu funktionieren. Im Vergleich zu „Ökos" in der Kontrollgruppe waren sie motivierter, die einzelnen klimafreundlichen Verhaltensweisen zu zeigen.

Nun kommt die Eine-Million-Euro-Frage: Wenn Personen ihr Bedrohungsgefühl nicht direkt lösen, wie machen sie es dann? Richtig. Auf symbolische Weise! Dies zeigte sich auch in meinen Studien. Nachdem Personen sich mit den Konsequenzen des Klimawandels auseinandergesetzt hatten, tendierten sie zum Zeigen von symbolischen Reaktionen. Konkret heißt das, dass die Experimentalgruppe beispielsweise ein höheres Ausmaß an Ethnozentrismus aufwies als diejenigen, die sich mit neutralen Informationen beschäftigt hatten.[11,12]

Doch warum zeigen Personen überhaupt solche Reaktionsmuster? Existentielle Bedrohungen wie der Klimawandel sind sehr schwer greifbar. Die Komplexität überfordert rasch und auch der Eindruck, als Einzelperson kaum etwas beitragen zu können. Dies führt schnell zu einem Gefühl von Ohnmacht, Hilflosigkeit und Kontrollverlust. In solchen Situationen wenden wir uns darum Dingen zu, die uns wieder ein Gefühl von Kontrolle vermitteln. Das sind Aspekte wie unsere eigenen Weltanschauungen, Werteinstellungen, Gruppenzugehörigkeiten und sozialen Standards im Miteinander. Erlebt nun eine Person eine unkontrollierbare Situation, hilft das Zuwenden und verstärkte Zeigen dieser Aspekte, beispielsweise in Form von Ethnozentrismus, gefühlt wieder Kontrolle über die Situation zu bekommen und indirekt das Bedrohungsgefühl zu überwinden. Die Herausforderung ist, dass dieses Verhalten zwar dem Individuum hilft, mit der bedrohlichen Situation umzugehen, jedoch nichts dazu beiträgt, die Bedrohungsquelle selbst, also den Klimawandel, zu lösen. Um dem Klimawandel jedoch erfolgreich zu begegnen, sind statt symbolischen Verhaltensweisen direkte Verhaltensweisen in Form eines klimaschonenden Lebensstils notwendig.

4 Klima- und umweltfreundliches Handeln: Die psychologische Perspektive

Doch was versteht man überhaupt unter einen klimaschonenden Lebensstil? Sicherlich poppt jetzt bei jeder und jeden von Ihnen eine Idee auf. Es scheint ziemlich einfach, vielleicht denken Sie: „Umweltfreundlich ist jenes Verhalten, das auch förderlich für die Umwelt ist: der Wechsel zu Ökostrom im Haushalt, die Wahl des Fahrrades als Hauptfortbewegungsmittel oder einer hauptsächlich pflanzenbasierten Ernährung."

Was auf den ersten Blick so klar scheint, führt innerhalb der umweltpsychologischen Forschungscommunity zu Diskussionen. Warum? Gilt das Verhalten nur dann als umweltfreundlich, wenn der Hauptmotivator der Umweltschutz ist? Was ist, wenn jemand zu heimischem Ökostrom wechselt, um die Wirtschaft vor Ort zu stärken; wenn jemand das Rad wählt, weil sie in einer verkehrsverstopften Stadt damit schneller ans Ziel kommt und es billiger ist als ein eigenes Auto; wenn jemand den eigenen Fleischkonsum zurückschraubt, weil es sich förderlich auf die eigene Gesundheit auswirkt, Gemüse tierischen Lebensmitteln vorzuziehen. Gelten diese Verhaltensweisen dann auch noch als umweltfreundlich, obwohl die Personen sie aus ganz anderen Gründen als Klima- und Umweltschutz in ihrem Alltag zeigen?

Ein Teil der Forschungscommunity vertritt diese Sichtweise und argumentiert, nur Verhaltensweisen, die aus einem Umweltschutzgedanken heraus entspringen, als umweltfreundlich einzustufen.[13] Andere Forschende legen den Definitionsradius breiter an.[14] Für sie fällt darunter jedes Verhalten, das die Natur so wenig wie möglich negativ beeinflusst oder sogar Vorteile für die Umwelt bringt – selbst, wenn es aus anderen Gründen an den Tag gelegt wurde. Nach dem Motto: Dem Klima ist es ja egal, *warum* ein Verhalten ausgeführt wird, Hauptsache, es wird ausgeführt! Ich vertrete den Standpunkt der zweiten Gruppe. Ich erfasse Handlungen, die sich nicht schädlich auf die Umwelt auswirken, selbst wenn die Person vielleicht andere Motive als Umweltschutz hat, als umweltfreundlich. Wie sehen Sie das?

Dieser Aspekt ist ein Beispiel dafür, wie Diskussionen und unterschiedliche Ansichten die Disziplin und Forschung vorantreiben. Trotz allem muss man festhalten, dass es nicht DIE eine richtige Antwort gibt. Wie so oft haben die verschiedenen Betrachtungsweisen alle ihre Berechtigung. Dies ist auch eine Eigenschaft, die Wissenschaft ausmacht und das Generieren von neuem Wissen vorantreibt. Ich finde solche Diskussionen im positiven Sinne herausfordernd, weil es antreibt, bereits vorhandene Erkenntnisse zu hinterfragen und weiterzuentwickeln. Hier ist es mir gerade aufgrund des steigenden Trends, wissenschaftliche Fakten als Glaubensfrage abzutun, wichtig zu betonen, dass dies nicht bedeutet, dass wissenschaftliche Ergebnisse keine Aussagekraft haben. Ja, es gibt offene Diskussionspunkte, diese versucht man durch systematische, empirische Forschung zu klären. Die Erkenntnisse werden dann in Form eines wissenschaftlichen Artikels (in der Community „paper" genannt) festgehalten und bei einem passenden Fachjournal eingereicht. Dort durchläuft er eine strenge Qualitätskontrolle, die sich Reviewprozess nennt und folgendermaßen aussieht: FachkollegInnen bekommen den Artikel (meist anonymisiert), das heißt, sie wissen nicht, von wem die Arbeit stammt. Sie bewerten die Forschungsarbeit anhand von fachlichen Standards wie: Entspricht das vorgelegte Werk den wissenschaftlichen Regeln? Konnte durch die Gestaltung der Studie wirklich gemessen werden, was sie angibt zu messen? Haben ausreichend Personen an der Studie teilgenommen? Wurden die richtigen statistischen Verfahren eingesetzt und die Ergebnisse richtig interpretiert? Ist die Sprache in dem Artikel verständlich? Wird die Studie gut nachvollziehbar erklärt, so dass andere Forschungsgruppen auf Basis des Artikels dieselbe Studie durchführen könnten, um zu untersuchen, ob sie zu demselben Ergebnis kommen?

Im Anschluss an den Prozess bekommt man als AutorIn ein E-Mail, das zu zwei möglichen Reaktionen führt:

→　**YEAH!** Das bedeutet, dass die Reviewer die Arbeit prinzipiell für veröffentlichungswürdig halten, wenn die Anmerkungen, die sie hatten, eingearbeitet wurden (= Überarbeitung bzw. *revision*). Oder

→　**NEAH!** Die Reviewer befinden die Arbeit für nicht veröffentlichungswürdig (= Ablehnung bzw. *rejection*)

JedeR hofft auf einen YEAH-Moment. Dieser bedeutet, dass die Anmerkungen der FeedbackgeberInnen eingearbeitet werden und dann das Paper nochmal eingereicht wird. Je nachdem, wie zufrieden die ReviewerInnen mit der neuen Version sind, kann es noch weitere solcher Überarbeitungsrunden geben. Bis zu dem Moment, in dem das Mail mit dem für alle Forschenden „erlösenden" Wort: **ACCEPTED**, also akzeptiert, kommt (das meist zu einem Freudentanz führt).

Sie sehen, liebe LeserInnen: Wissenschaft unterliegt strengen Qualitätskriterien. Im Alltag kommt es oft zu einer Flut an Informationen und es ist fast unmöglich zu differenzieren, welche Aussagen wissenschaftlich untermauert sind und welche nicht. Folgende Faustregeln können bei der Differenzierung unterstützen:

1. Von wem stammt die Information? Von einer bzw. einem ExpertIn einer Forschungseinrichtung, die zum Beispiel an einer Universität arbeitet, oder handelt es sich um eine Privatperson, die keinerlei Verbindung zu einer Forschungseinrichtung aufweist.

2. Welches Fachgebiet hat die Person? Hat sie wirklich die Expertise, zu dem Thema Äußerungen zu machen? Ein Professor für Sportwissenschaften hat zum Beispiel im Normalfall nicht die Kompetenz, fundierte Aussagen zum Bereich der Umweltpsychologie zu treffen – genauso wie umgekehrt eine Professorin für Umweltpsychologie es sich nicht anmaßen sollte, im sportwissenschaftlichen Bereich fachliche Anmerkungen zu machen. Ganz nach dem Motto: „Schuster bleib bei deinen Leisten."

3. Wurde die Studie publiziert oder handelt es sich um eine Eigenveröffentlichung auf beispielsweise der eigenen Homepage oder Youtube? Falls es sich um eine Publikation handelt, wird es nochmal gefinkelt: In welchem Journal wurde veröffentlicht? Gab es einen Peer-review-Prozess (der Ablauf, der oben beschrieben wurde) oder wurde die Arbeit ohne Wenn und Aber angenommen (meist gegen eine gute Summe Veröffentlichungsgebühr oder in einem Medium, dass gewissen einschlägigen Meinungen eine Bühne bieten möchte).

Auch wenn es innerhalb der Wissenschaft Diskussionen gibt und sich Wissen ständig weiterentwickelt, sind Erkenntnisse, die schon durch mehrere Studien bestätigt wurden, ein guter Anhaltspunkt. Darum ist ein seriöser wissenschaftlicher Prozess nicht eine Glaubensfrage („Ich glaube nicht an den menschengemachten Klimawandel"), sondern schlicht und einfach ein Betrachten und Abwägen der Faktenlage.

Wer handelt eigentlich umweltfreundlich?

Neben dem *Was* steht auch das *Wer* im Interesse der Umweltpsychologie. Unzählige Studien haben es sich zur Aufgabe gemacht, der Frage nachzugehen: Wer handelt eigentlich umweltfreundlich?[15,16] Dabei wurden naheliegende Bereiche, wie demografische Einflussvariablen, sozioökonomischer Status, Geschlecht oder Alter untersucht, aber auch weniger naheliegende wie die Freizeitbeschäftigung Zeitunglesen (bitte fragen Sie mich nicht, warum – ich bin selbst überrascht ☺). Im Sinne von „it's all about the money" ist das zur Verfügung stehende Haushaltseinkommen einer der stärksten Prädiktoren. Die Steigerung des Haushaltseinkommens führt dazu, dass mehr Emissionen ausgestoßen werden sowie der Energiebedarf zunimmt. Ist eigentlich logisch – steht einem Haushalt mehr Geld zur Verfügung, legt man sich eine größere Wohnung oder Haus oder Auto zu und leistet sich in der Regel auch mehr Konsumgüter oder Urlaube.[17] Außerdem geht eine Einkommenssteigerung meist mit einer Abnahme der Freizeit einher und somit mit der zur Verfügung stehenden Zeit für zeitlich aufwändigere umweltfreundliche Verhaltensweisen. Gleichzeitig steigt die Bereitschaft, mehr finanzielle Mittel für Energie aus erneuerbaren Quellen aufzubringen.[18]

Darüber hinaus hat das Geschlecht eine hohe Vorhersagekraft. Frauen berichten von stärkeren Umwelteinstellungen, Sorgen für die Umwelt und einem höheren Ausmaß an umweltfreundlichen Verhaltensweisen. Diese Unterschiede konnten über verschiedene Nationen, Stichproben und Zeitpunkte hinweg wiedergefunden werden.[19,20]

Die Rolle des Alters ist in diesem Zusammenhang noch weniger klar. Es scheint, als würde das Ausmaß an umweltfreundlichem Verhalten im Laufe des Lebens verschiedene Höhen und Tiefen durchlaufen. Ein besonderes Tief ist in der Regel dann, wenn Personen Eltern werden und aufgrund des süßen Nachwuchses weniger Zeit und Geld bleibt, am eigenen grünen Lebensstil zu feilen.[21] Als Mama kann ich diese Herausforderung definitiv nachvollziehen ... Außerdem konnte auch ein Kohorten-Effekt gefunden werden. Das heißt, dass eine bestimmte Gruppe spezielle historische Ereignisse bzw. Zeiten durchlebt hat und diese prägender für einen bestimmten Aspekt waren als andere Zeiten. Das kann zum Beispiel das Erleben eines Krieges, aber auch die Stärkung der Umweltbewegung sein. Deutsche Forscher fanden etwa heraus, dass Individuen unter 30 und zwischen 60 und 69 Jahren im Jahr 2010 stärker dazu neigten, ökologisch verträglich zu handeln, als im Vergleich dieselbe Altersgruppe im Jahr 2001.[22]

Neben demografischen Faktoren haben natürlich auch individuelle Persönlichkeitseigenschaften ihre Finger im Spiel, wenn es darum geht, wie hoch die jeweilige Bereitschaft für einen klimafreundlichen Lebensstil ist. Besonders interessant ist hier der Fokus der Kontrolle, in der Fachwelt auch *locus of control* genannt. Darunter versteht man die Wahrnehmung eines Individuums darüber, inwiefern es durch eigene Handlungen einen gewünschten Zustand erreichen kann oder nicht. Personen mit einem starken externen Kontrollfokus sehen den Handlungsspielraum eher in externen Rahmenbedingungen und weniger in sich selbst. Während in den Augen von Personen mit einem stärker ausgeprägten internen Kontrollfokus das Potenzial zur Veränderung stark in ihren eigenen Handlungen liegt.

Diese Haltung spiegelt sich auch hinsichtlich eines nachhaltigen Lebensstils wider. Personen mit einem eher externen Kontroll-fokus sehen die Handlungsverantwortung weniger bei sich und lagern die Verantwortung aus, indem sie stärker kollektive Handlungen einfordern. Dieses Ergebnis zeigt auch eine Studie aus UK. Dort gaben die Befragten an, dass sie die Folgen des menschenge-machten Klimawandels als kollektives Problem sehen und deshalb eher die Politik durch die Einführung von strengeren Umwelt-gesetzen am Zug sein sollte – stärker als die Individuen mit dem Ausführen von umweltfreundlichen Verhaltensweisen im Alltag. Die zentrale Rolle der Politik kann natürlich nicht von der Hand gewiesen werden. Doch hängt der Erfolg von verpflichtenden Umweltmaßnahmen stark von der Akzeptanz und Umsetzung in-nerhalb der Bevölkerung ab, also wieder von Einzelpersonen. Das Absprechen dieser persönlichen Verantwortung stellt eine der größten Barrieren für umweltfreundliches Verhalten dar[23] (mehr zu diesem herausfordernden Wechselspiel in Kapitel 11, Akzep-tanz von politischen Maßnahmen).

Unabhängig davon, *wer* handelt, zeigen neueste Studien, dass ein umweltfreundlicher Lebensstil nicht nur ein Gewinn für den Pla-neten und uns Menschen ist, sondern auch mit einem direkten, konkret messbaren Vorteil für die Einzelperson zusammenhängt: nämlich mit einem höheren subjektiven Wohlbefinden.[24]

Was mache ich mit dem Wissen?

Sie sehen, die Umweltpsychologie hat bereits eine Reihe an Einblicken rund um das Thema Klimaschutz hervorgebracht.

Neben der Faszination, welche Bandbreite an Wissen es bereits gibt, kamen bei mir mit der Zeit auch kritische Gedanken auf: Es gibt bereits so viele wichtige Erkenntnisse zur Erklärung und Förderung von umweltfreundlichem Verhalten. Warum sind diese jedoch noch immer primär innerhalb der Forschungscommunity bekannt? Warum erreichen sie noch nicht ausreichend Personen, die im Privaten ihr Leben klimafreundlicher gestalten möchten oder sich beruflich tagtäglich dafür einsetzen, ihr Umfeld für Umweltschutz zu motivieren? Von interessierten Privatpersonen, PolitikerInnen, Unternehmen bis hin zu NGOs ist das Verstehen des menschlichen Verhaltens rund um die Klimakrise ein zentraler Faktor. Die umweltpsychologischen Einblicke können dabei unterstützen, dass die intensiven Bemühungen, die teilweise mit viel zeitlichem und finanziellem Aufwand verbunden sind, auch tatsächlich die gewünschte Wirkung zeigen. Durch diese Überlegungen kristallisierte sich mein ideales Berufsfeld immer stärker heraus: Ich möchte als Brücke zwischen Wissenschaft und Praxis fungieren und die Erkenntnisse so aufbereiten und „übersetzen", dass sie auch Personen außerhalb der Wissenschaft im Alltag optimal einsetzen können. Denn schließlich haben Einblicke zur Frage **„Warum machen wir es nicht einfach?"** nicht nur hohe wissenschaftliche, sondern auch praktische Relevanz. Ich habe in meinem beruflichen Umfeld die Möglichkeit, neben Forschung und Lehre an der Universität auch viel „draußen" zu machen. Auch wenn die Personen, denen ich im Laufe dieser Tätigkeit begegne, sehr unterschiedlich sind, haben sie eines gemeinsam: Sie fühlen sich durch den Ausblick auf eine Zukunft, in der sich die Klimakrise in voller Wucht ausbreitet, beängstigt und suchen nach Möglichkeiten, diese Besorgnis in wirksame Handlungen in ihrem privaten oder beruflichen Umfeld zu kanalisieren. Ich empfinde diesen Austausch sehr bereichernd und motivierend, vor allem wenn die

Rückmeldung kommt, dass der eine oder andere Umweltpsychologie-Einblick sie auf diesem Weg unterstützen konnte. Dadurch ist mit der Zeit die Idee zu diesem Buch geboren worden. Entdecken wir auf den nächsten Seiten gemeinsam die umweltpsychologischen Erkenntnisse darüber, welche Faktoren beeinflussen, ob wir klimafreundlich handeln oder nicht, also wie wir von einem **„Warum machen wir es nicht einfach?"** zu einem **„Machen wir es einfach!"** kommen.

Verstehen: Darum machen wir es einfach nicht

Kognitive Dissonanz: Der Konflikt in mir

Kürzlich ging ich mit meiner Tochter spazieren, als plötzlich ein riesiges Gefährt meine Aufmerksamkeit auf sich zog. An SUVs im Straßenbild hat man sich mittlerweile (leider) gewöhnt. Doch dieser fahrbarere Untersatz trieb es nochmal auf die Spitze: eine gewaltige Vorderseite, die mich gefühlt überragte; eine wuchtige Breite, die auch einen großen Teil des Gehweges einnahm, wodurch ich mit dem Kinderwagen mehr schlecht als recht vorbeikam. Abgerundet wurde das Ganze mit einer riesigen Ladefläche. Solche Autos erwartet man eher auf US-amerikanischen Farmen und weniger in österreichischen Kleinstädten, die perfekt asphaltierte Straßen bieten. Als ich es dann doch geschafft hatte vorbeizukommen, fiel mir ein Farbklecks in Form eines Stickers am Tankdeckel des ansonsten tiefschwarzen Autos auf. Wer lachte dort herunter (bzw. warf mir einen grimmigen Blick zu)? Niemand Geringerer als Greta Thunberg, eine der bekanntesten Klima- und Umweltaktivistinnen, die durch ihren freitäglichen Schulstreik die weltweite Bewegung „Fridays for Future" mit Millionen MitstreiterInnen initiiert hat. Darunter stand in großen Buchstaben **„How dare you!"** gedruckt. Eine Anspielung an eine der berühmtesten Reden von Greta, die sie im Herbst 2019 in New York City bei dem UN-Klimagipfel gehalten hat. Dort warf sie den globalen EntscheidungsträgerInnen vor, durch ihre fehlenden Handlungen im Umgang mit der Klimakrise die Träume und Hoffnungen der jungen Generation zu zerstören. Das Ganze gipfelte in einem „How dare you?", also einem „Wie könnt ihr es wagen?" Doch wie passt das nun zusammen? Warum klebt Greta, die sich für einen wirksamen Klimaschutz einsetzt, der unter anderem mit einem Ende der Nutzung von fossilen Energieträgern verbunden ist, auf einem fossil betriebenen Pickup-Truck, der diplomatisch ausgedrückt um ein Vielfaches mehr Treibstoff benötigt und verschmutzende Abgase ausstößt als ein Durchschnittsauto – und somit den Klimawandel befeuert? Warum entscheidet sich der oder die EigentümerIn des Autos dazu, mit diesem Sticker das Gefährt zu „verschönern"?

Diese Diskrepanz lässt sich im Alltag öfter beobachten, sobald das Thema Umwelt- und Klimaschutz auftaucht. Fast jede Person des öffentlichen Lebens, aber auch Engagierte im Privaten, die sich für einen nachhaltigen Lebensstil einsetzen, scheint es mal zu erwischen. Die Ernährung wird klimafreundlich gestaltet (= Reduktion von Lebensmittelabfällen; primär Wahl von pflanzenbasierten Gerichten), im Alltag ist man großteils öffentlich oder mit dem Rad mobil, man nutzt für Reisen oft den Zug, überdenkt und reduziert seinen Konsum und greift, wenn überhaupt, zu Secondhandwaren oder fair produzierten Produkten, wählt einen Stromanbieter mit nachhaltig produzierter Energie, unterstützt Klimabewegungen und legt auch gern mal den Fokus auf Bereiche, die bis dato noch wenig in der Öffentlichkeit stehen, wie z. B. der Zusammenhang von Geld (Investitionen, Banken) und Klimawandel. **Die Maßstäbe an sich selbst sind hoch – doch die der Öffentlichkeit scheinbar noch höher.** Trotz des permanenten Einsatzes für den Klima- und Umweltschutz wirkt es, als ob die öffentliche „Umweltpolizei" nur darauf wartete, Handlungen zu entdecken, die nicht optimal für die Umwelt sind. Sei es wie bei Greta Thunberg 2019 auf ihrer 76-stündigen Zugfahrt zum Weltwirtschaftsforum in Davos das Verspeisen von veganen Snacks, die in Plastik verpackt waren, oder bei der österreichischen Influencerin DariaDaria das Aufwärmen einer Süßkartoffel im Backofen. Handeln Personen, die sich für den Klima- und Umweltschutz einsetzen, nicht „perfekt", werden sie sofort darauf hingewiesen und es wird ihnen das Recht, in der Nachhaltigkeitsdebatte mitreden zu dürfen, abgesprochen. Ganz nach dem Motto: „Du bist doch gar nicht so umweltfreundlich, wie du immer sagst!" Warum gehen die Wogen so hoch?

Vom inneren Zwiespalt zum Rundumschlag

Die Themen Klimawandel, Klimakrise und nachhaltiger Lebensstil nehmen einen immer größeren Schwerpunkt in der öffentlichen Diskussion ein – die Debatte ist in der Mitte angekommen, oft verknüpft mit der Frage: **„Warum machen wir es nicht einfach?"** Befragt man Personen, wundern sie sich auch über die Frage und finden den Schutz der Umwelt wichtig. Gleichzeitig will sich natürlich niemand als Ursache der großen Probleme wahrnehmen. Die meisten würden von sich wahrscheinlich nicht behaupten, dass sie generell umweltschädigend handeln, denn es gilt noch immer als ganz „normal", für den Großteil der Strecken die immer größer werdenden Autos zu nehmen, Fleisch zu essen, bei den großen Ketten in der Stadt einzukaufen und mindestens einmal im Jahr in den Urlaub zu fliegen. Das kann doch nicht so schlimm sein? Außerdem kann man mindestens drei Beispiele aus dem privaten Umfeld aufzählen, die ein noch viel „schlechteres" Verhalten an den Tag legen.

Kommt nun jedoch Greta und prangert mit „How dare you!" den eigenen Lebensstil an, der offenbar die Lebensgrundlage jüngerer Generationen aufs Spiel setzt, passt dies so gar nicht zum Bild, das man von sich hat.

In der Psychologie kann man dieses Phänomen aus der Sicht der Kognitiven Dissonanz erklären.[25] Unter Kognitiver Dissonanz versteht man einen Gefühlszustand, der durch eine Wahrnehmung, Information oder auch Verhalten einer anderen Person ausgelöst wird, die nicht mit meinen bisherigen Ansichten oder Einstellungen zusammenpassen. Um es präziser auszudrücken: Eine Person hat ein kongruentes Selbstbild von sich. Das heißt, sie sieht sich im Großen und Ganzen als positive, nicht schlecht handelnde Person. Prangert nun eine andere Person eine von ihr regelmäßig ausgeführte Handlung an, entspricht das nicht diesem positiven Selbstbild. Nehmen wir das anfangs erwähnte Beispiel der Person mit dem Pick-up-Truck. Ihre Wahl fiel wohl aus für sie positiven Gründen auf dieses Gefährt und die Nutzung bringt ihr viel Freude. Da es sich aber jetzt nicht um das unauffälligste Auto handelt, erzeugt es auch Aufmerksamkeit. Diese fällt seit der Entstehung der Fridays-for-Future-Bewegung und dem damit verbundenen größeren Bewusstsein in der Bevölkerung immer negativer aus. Das gipfelt dann in der Rede des Teenagers Greta, die älteren Personen vorwirft, die Zukunft ihrer und zukünftiger Generationen mit den Füßen zu treten. Das fühlt sich natürlich nicht gut an. **Doch irgendwie muss man mit dem negativen Gefühl und vielleicht auch schlechten Gewissen, das aus dieser Diskrepanz entspringt, umgehen.** Hier neigen laut der Theorie der Kognitiven Dissonanz Menschen zu unterschiedlichen Verhaltensstrategien. Zum einem kann die neue Information bzw. dieser neue Anstoß akzeptiert werden und ins eigene Selbstbild integriert werden. Etwa in Form von: „Stimmt eigentlich – mir ist die Zukunft meiner Kinder wichtig, da passt es wirklich nicht zusammen, dass ich ein Auto fahre, das so viel verbraucht und Schadstoffe ausstößt. Ich werde mein Mobilitätsverhalten und vor allem die Wahl meines fahrbaren Untersatzes überdenken."

Diese Lösungsstrategie klingt wie Musik in den Ohren aller Personen, die sich für eine nachhaltigere Welt einsetzen. Ein Blick in unser Umfeld oder auch öffentliche Debatten wird jedoch auch bestätigen, dass dieser Lösungsweg nicht immer der bevorzugte ist. Welche Strategien wenden Personen stattdessen an? Es wird entweder das eigene Verhalten gerechtfertigt und die Information heruntergespielt: „So schlimm ist es jetzt auch wieder nicht, dass ich dieses Auto fahre! Mein Nachbar fliegt viermal im Jahr in die USA, da stößt er ja viel mehr CO_2 aus." Eine weitere Möglichkeit ist es, den Fokus auf die Quelle, die dieses Gefühl ausgelöst hat, zu richten. Im Falle des Pick-up-Truck-Beispiels ist das Greta Thunberg. „Die soll erst mal erwachsen werden, bevor sie mitredet. Was glaubt sie, wer sie ist, dass sie über mein Leben urteilen kann? Außerdem hängt die Jugend selbst ständig am Smartphone – würde mich interessieren, ob sie ein Bio-Handy hat! Greta behauptet, immer so umweltfreundlich zu handeln, aber greift dann selbst zu plastikverpackten Dingen! Da muss ich nichts ändern!" Um diesen Standpunkt noch zu festigen und ein öffentliches Statement zu setzen, wie lächerlich die Anschuldigungen sind, wird demonstrativ der Sticker auf den Tankdeckel geklebt. Damit soll auch klar symbolisiert werden, dass diese Anschuldigungen nichts bei einem auslösen und die anderen am besten gar nicht mit irgendwelchen Gegenargumenten kommen zu brauchen. Der Auslöserin des schlechten Gewissens, Greta, wird also ihre Stimme im Zusammenhang mit der Klimakrise abgesprochen, was natürlich auch das eigene Gewissen erleichtert.

Warum machen wir es nicht einfach?

Doch es braucht gar nicht die direkte Konfrontation, um die Kognitive Dissonanz auszulösen. Allein das Beobachten von Personen, die sich privat, beruflich oder öffentlich für Umwelt- und Klimaschutz einsetzen und dementsprechend leben, löst oft schon einen Zwiespalt aus: „Eigentlich sollte ich anders handeln, um eine lebenswerte Zukunft zu gewährleisten – diese Person zeigt, dass es möglich ist." Dadurch wirken Anzeichen einer „Imperfektion" à la Plastikverpackung im Zug oder Süßkartoffel im Backofen im Leben dieser umweltfreundlichen Personen schon fast erleichternd. Sie bieten erstens eine Angriffsfläche und zweitens eine Entschuldigung, selbst nicht handeln zu müssen. Darum gehen aus umweltpsychologischer Sicht die Wogen hoch, wenn die Öffentlichkeit eine „Klimasünde" bei Personen entdeckt, die sich eigentlich gegen die Klimakrise starkmachen.

Seien wir ehrlich – jede und jeder von uns kennt diese Reaktionsmuster. Diese müssen sich nicht dadurch äußern, dass man in der Kommentarfunktionen diverser sozialer Medien wüste Beschimpfungen äußert. Es können Gedanken sein wie: „Eine Influencerin, die sich für einen nachhaltigen Lebensstil starkmacht, hat sich gerade ihren fünften Mantel gekauft. Und ‚klick', ist der Mantel vom Fast-Fashion-Laden im Warenkorb – ohne schlechtes Gewissen für mich"; „Der Huber von nebenan fliegt dreimal im Jahr in die Karibik. Da fällt mein Wochenendflug nach Barcelona nicht wirklich ins Gewicht"; „Mein Kollege Otto greift bei wirklich jeder seiner Mahlzeiten zu Wurst oder Fleisch. Da brauche ich mir wegen den Würsteln zum Mittagessen wirklich nichts denken!"

Beobachten Sie sich doch mal in der nächsten Zeit selbst und Sie werden sehen: Die Kognitive Dissonanz ist die beste Freundin unseres inneren Umweltschweinehundes und ein erster Puzzleteil zur Antwort auf die Frage: **„Warum machen wir es nicht einfach?"** Wenn Sie künftig solche oder ähnliche Gedanken bemerken, ist dies ein möglicher Indikator dafür, dass der Prozess gerade bei Ihnen aktiv ist. Möglicherweise versuchen Sie dann,

Ihr schlechtes Gewissen zu reduzieren, indem sie das Fehlverhalten anderer betonen. Und zack, hat die Ausredenfalle wieder zugeschlagen. Sie hilft zwar im Alltag, uns vom unguten Gefühl zu befreien und sich nicht mit den Umwelt- und Klimaproblemen auseinandersetzen zu müssen – ändert aber gleichzeitig auch nichts an diesen großen Herausforderungen. Natürlich hat jede und jeder umweltschädigende Handlungen im Alltagsrepertoire und kann frei über ihren bzw. seinen Lebensstil entscheiden – solange es innerhalb der gesetzlichen Rahmenbedingungen ist. Ich möchte an der Stelle die Ausredenspirale aufzeigen, die dazu führt, dass sich kaum jemand als umweltschädigende Person bezeichnet – egal wie wenig nachhaltig der eigene Lebensstil vielleicht ist. Stattdessen wird oft der innere Zwiespalt auf andere projiziert. Da Sie sich dazu entschieden haben, Geld für dieses Buch auszugeben und es in diesem Moment gerade lesen, gehe ich davon aus, dass Sie Interesse mitbringen, sich Ihrem inneren Umweltschweinehund zu stellen – außer Ihr Umweltschweinehund flüstert Ihnen zu, dass man mit einem weiteren Klimabuch im Regal ja gar keinen umweltschädigenden Lebensstil haben kann ☺. Wenn es nur so einfach wäre mit dem **„Warum machen wir es nicht einfach?"** Lassen Sie uns in einem nächsten Schritt gemeinsam die Rolle, die unsere Werteinstellungen einnehmen, erkunden.

Individuelle Werteinstellungen: Was ist mir wichtig?

6 KAPITEL

„Man muss mit den Werten arbeiten und die Menschen dort in Ihrer Lebensrealität abholen!" Dieses Argument kommt häufig, wenn darüber diskutiert wird, warum wir es nicht einfach machen und gegen die Konsequenzen des Klimawandels aktiv werden.

Doch was heißt das eigentlich? Was verbirgt sich überhaupt hinter dem doch sehr abstrakten Begriff *individuelle Werteinstellungen?*

In der psychologischen Forschung werden Werte als Leitprinzipien im eigenen Leben gesehen. Werteinstellungen spiegeln sich in unseren Überzeugungen wider, konkret indem sie bestimmen, welche Zustände wir als wünschenswert und weniger wünschenswert einstufen. Anhand dieser Prinzipien legen wir Bewertungen über andere Personen, Dinge, Situationen und Verhaltensweisen fest. Werte sind abstrakte Konstrukte und beeinflussen dadurch unsere Einschätzungen in unterschiedlichen Lebenssituationen.[26] Dies macht sie zu einem interessanten Faktor in der umweltpsychologischen Forschung, da sie Vorhersagekraft für viele Lebensbereiche haben. Bringt eine Person zum Beispiel eine hohe Ausprägung im Bereich der Umweltwerte mit, wird sich diese nicht nur in der spezifischen Situation des Kleiderkaufes widerspiegeln, sondern wahrscheinlich generell in ihrem generellen Konsumverhalten.

Was ist Ihnen wichtig? Welche Werte treiben Sie im Alltag an? Finden Sie es heraus! In der folgenden Tabelle sind 16 Begriffe aufgeführt. Hinter jedem Begriff steht eine kurze Erklärung zu seiner Bedeutung. Bitte bewerten Sie, inwieweit jeder Wert für Sie als ein Leitprinzip in Ihrem Leben wichtig ist.

Ihre Bewertungen können von -1 bis 7 reichen. -1 bedeutet, dass der Wert gegen Ihre Prinzipien ist. Je höher die Zahl (0, 1, 2, 3, 4, 5, 6, 7), umso wichtiger ist Ihnen der Wert als ein führendes Prinzip in Ihrem Leben. Versuchen Sie so weit wie möglich zwischen Ihren Bewertungen der Werte zu differenzieren, indem Sie verschiedene Zahlen wählen. **Wichtig: Es gibt keine falschen oder richtigen Antworten.** Es geht rein um Ihre persönliche Einschätzung.

Ihre Bewertungen

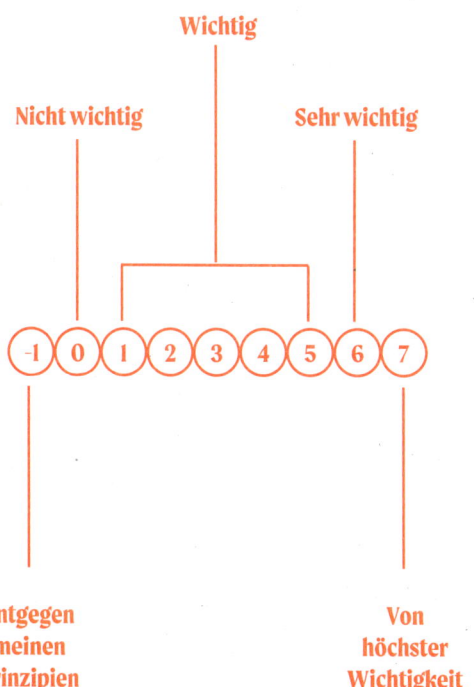

Wichtig

Nicht wichtig

Sehr wichtig

-1 0 1 2 3 4 5 6 7

Entgegen
meinen
Prinzipien

Von
höchster
Wichtigkeit

1 | GLEICHHEIT: gleiche Möglichkeiten für alle

(-1) (0) (1) (2) (3) (4) (5) (6) (7)

2 | DIE ERDE RESPEKTIEREN: Harmonie mit anderen Spezies

(-1) (0) (1) (2) (3) (4) (5) (6) (7)

3 | SOZIALE MACHT: Kontrolle über andere, Dominanz

(-1) (0) (1) (2) (3) (4) (5) (6) (7)

4 | VERGNÜGEN: Freude, Wunscherfüllung

(-1) (0) (1) (2) (3) (4) (5) (6) (7)

5 | EINKLANG MIT DER NATUR: sich der Natur anpassen

(-1) (0) (1) (2) (3) (4) (5) (6) (7)

6 | EINE WELT IN FRIEDEN: frei von Krieg und Konflikt

(-1) (0) (1) (2) (3) (4) (5) (6) (7)

7 | REICHTUM: Geld, materieller Besitz

(-1) (0) (1) (2) (3) (4) (5) (6) (7)

8 | AUTORITÄT: das Recht, zu führen und zu befehlen

(-1) (0) (1) (2) (3) (4) (5) (6) (7)

9 | SOZIALE GERECHTIGKEIT: Ungerechtigkeit beheben,
sich für Schwache einsetzen

(-1) (0) (1) (2) (3) (4) (5) (6) (7)

10 | DAS LEBEN GENIESSEN: Genuss von Essen, Sex, Freizeit etc.

(-1) (0) (1) (2) (3) (4) (5) (6) (7)

11 | SCHUTZ DER UMWELT: die Natur erhalten

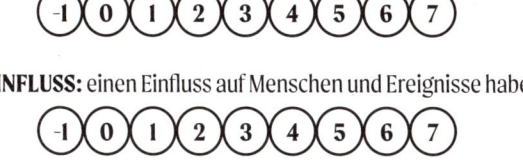

12 | EINFLUSS: einen Einfluss auf Menschen und Ereignisse haben

13 | HILFSBEREITSCHAFT: sich um das Wohl anderer kümmern

14 | VERHINDERN VON UMWELTVERSCHMUTZUNG: die natürlichen Ressourcen schützen

15 | ZÜGELLOSIGKEIT: angenehme Dinge tun

16 | EHRGEIZ: aufstrebend, hart arbeiten

-1 0 1 2 3 4 5 6 7

Sind Sie mit dem Ausfüllen der Tabelle fertig? Dann geht es im nächsten Schritt darum, vier unterschiedliche Summenwerte zu ermitteln:

Wert	besteht aus den Antworten von	Meine Summe
1	Nummer 1, 6, 9 und 13	
2	Nummer 2, 5, 11 und 14	
3	Nummer 3, 8, 12, und 16	
4	Nummer 4, 7, 10 und 15	

Doch welche Rolle spielen Werteinstellungen nun in der Umweltpsychologie? Diese ist daran interessiert, welchen Zusammenhang es zwischen individuellen Werten und dem Zeigen oder Nichtzeigen von umweltfreundlichen Verhaltensweisen gibt. Hier haben sich insbesondere vier Werteinstellungen als zentral herauskristallisiert.

Bevor ich näher auf diese eingehe, bitte ich Sie, sich nun Ihre Zahlenwerte von den kryptisch klingenden Werten 1, 2, 3 und 4 in Erinnerung zur rufen. Können Sie klar einen „Lieblingswert" erkennen, der sich mit einer besonders hohen Ausprägung, also einem hohen Zahlenwert von den anderen unterscheidet, oder liegen Ihre Bewertungen eng zusammen? Reihen Sie die Werte absteigend von dem höchsten Zahlenwert zu dem geringsten. Wie verhalten sich diese untereinander? Bei der von Ihnen ausgefüllten Tabelle handelt es sich übrigens um einen Fragebogen, der auch in der umweltpsychologischen Forschung in dieser Form zum Einsatz kommt.[27] Haben Sie eine Vermutung, welche Werteinstellungen sich hinter den Bezeichnungen „Wert 1", „Wert 2" usw. verbergen? Lösen wir es auf.

Wert 1 steht für den Wert **Altruismus**, was so viel bedeutet wie: Das Wohl der anderen ist einem wichtig;

Wert 2 für den **biosphärischen Wert**, was so viel bedeutet wie: Das Wohl der Umwelt ist einem wichtig;

Wert 3 für den Wert **Egoismus**, was so viel bedeutet wie: Die eigene (finanzielle) Macht ist einem wichtig;

Wert 4 für den Wert **Hedonismus**, was so viel bedeutet wie: Das eigene Vergnügen ist einem wichtig.

Hatten Sie diese Werte bereits hinter den Zahlen vermutet oder überrascht es Sie?

Spiegelt das Ergebnis auch Ihre persönliche Einschätzung zu den Dingen, die Ihnen wichtig sind, wider?

Eine hohe Ausprägung eines jeden dieser vier Werte kann dazu führen, dass Personen im Alltag umweltfreundlich handeln: Liegt mir das Wohlergehen anderer Menschen am Herzen, berühren mich Bilder, die die miserablen Arbeitsbedingungen in der Bekleidungsproduktion aufzeigen. Oder die Angst von Menschen, die auf Inselstaaten wohnen und denen durch den Klimawandel buchstäblich der Boden unter den Füßen weggezogen wird, und motivieren mich die Bilder zu umweltfreundlichen Verhaltensänderungen.

Ist mir eine intakte Natur wichtig, bekomme ich bei Informationen über die weitreichenden Konsequenzen von (Mikro-)Plastik für die Weltmeere einen Extraantrieb, mich nach verpackungsfreien Lösungen im Alltag umzusehen und keine Bekleidung mit Kunstfasern zu wählen.

Ist es mir wichtig, meinen eigenen Vorteil zu vergrößern, werde ich zum Elektroauto greifen, wenn dieses im Vergleich zu fossil angetriebenen Vehikeln finanziell lukrativer ist.

Möchte ich im Leben möglichst viel Vergnügen erleben, werde ich eine Nachhaltigkeits-App nutzen, wenn diese einen ansprechenden Spielecharakter aufweist, oder einen Elektrowagen der Premiumklasse, der auch mehr Fahrspaß mit sich bringt.

Das heißt, je nach Situation können sich also alle vier Werte positiv auf umweltfreundliche Handlungen auswirken. Nichtsdestotrotz deuten Forschungsarbeiten generell auf folgendes Muster hin: Personen mit hohen altruistischen oder biosphärischen Werten haben eher eine höhere Bereitschaft, Personen mit hohen egoistischen oder hedonistischen Werten haben eher eine geringere Bereitschaft, umweltfreundliche Verhaltensweisen in ihrem Leben zu zeigen.[28]

Meine Wertebrille im Alltag

Wie prägen unsere Werteinstellungen nun unser Verhalten? Welche Auswirkungen haben sie? Dies möchte ich mit Hilfe des folgenden Bildes demonstrieren. Was sehen Sie auf diesem Bild?

Sehen Sie eine Ente oder einen Hasen? Ich habe auf den ersten Blick eine Ente gesehen und musste mich zunächst ehrlich gesagt etwas anstrengen, diese auszublenden, um auch den Hasenkopf zu erkennen. Keine Sorge – welches Tier Sie als Erstes gesehen haben, sagt jetzt nichts über Ihre Persönlichkeit aus! ☺ Das hätte eher weniger mit fundierter Wissenschaft zu tun als mit Laienpsychologie.

Was es allerdings aufzeigt, ist, dass Personen in ein und derselben Situation etwas anderes wahrnehmen und die Sichtweise des anderen vielleicht gar nicht nachvollziehen können: „Wie, du siehst da einen Hasen? Das ist doch ganz klar eine Ente!" Dieses Bild steht exemplarisch dafür, wie sich Werte auf unser Erleben auswirken. Werteinstellungen schärfen unseren Fokus – wir haben also eine Art „Wertebrille" auf. Durch diese betrachten wir unsere Welt und nehmen vor allem die Dinge wahr, die uns gerade wichtig sind. Liegt mein Fokus zum Beispiel im finanziellen Bereich, werde ich Dinge in meiner Umgebung durch diese „Finanzbrille" bewerten und mir vermehrt die Dinge ins Auge stechen, die mir einen finanziellen Vorteil oder Nachteil bringen. Dieser Fokus stellt selbstverständlich nur einen winzigen Ausschnitt der Welt dar, weshalb man leicht andere Aspekte gar nicht sieht. Ganz nach dem Motto: Es ist einfach, etwas zu übersehen, auf das man nicht achtet oder das einem gar nicht bewusst ist.

Umweltfreundliches Verhalten = finanziell lukrativ! Eine erfolgversprechende Strategie?

Doch was steht bei der Debatte zu „Warum machen wir es nicht einfach?" häufig in der öffentlichen Wahrnehmung im Vordergrund? Ein klimafreundlicher und somit zukunftsfreundlicher Lebensstil wird häufig mit Verzicht assoziiert: „Möchte ich Klimaschutz im Alltag leben, darf ich nicht mehr Auto fahren, nicht mehr essen, was mir schmeckt, nicht mehr in den Urlaub fliegen und nicht mehr kaufen, was mir Spaß macht. Stattdessen muss ich wie ein Asket in der Wohnung bleiben, die ich natürlich kaum geheizt habe! Da darf man ja wirklich gar nichts mehr machen, was Spaß macht!" So oder so ähnlich kommen – natürlich überspitzt – oft Totschlagargument gegen einen nachhaltigen Lebensstil. Darum scheint es wie der erfolgversprechende Masterplan, Verhalten, das in Einklang mit der Natur ist, auch in Einklang mit den eigenen Finanzen zu bringen – das heißt konkret: Umweltfreundliches Verhalten soll auch finanziell lukrativ sein! Denn nur so kann man schließlich den Großteil der Bevölkerung zu einer Verhaltensänderung im Sinne des Klimaschutzes motivieren. Oder?

Diese Annahme, dass Personen nur dann ins Handeln kommen, wenn sie zugleich finanziell einen Vorteil davon haben, wurde auch umweltpsychologisch untersucht.[29] Dafür wurde am Schwarzen Brett einer Tankstelle ein Aufruf angebracht, eine Reifendruckmessung durchzuführen, um weniger Treibstoff zu verbrauchen – samt einem dazugehörigen Gutschein für einen Gratischeck. Es wurden verschiedene Nachrichten getestet, bei denen unterschiedliche Gründe für das Durchführen dieses Checks betont wurden: Einmal war der Aufruf mit dem Hinweis auf den finanziellen Vorteil verbunden: „Ihnen sind Ihre Finanzen wichtig? Lassen Sie Ihren Reifendruck checken!" Ein anderes Mal war der Aufruf an eine Umweltnachricht geknüpft: „Ihnen ist die Umwelt wichtig? Lassen Sie Ihren Reifendruck checken!" Da es sich um eine umweltpsychologische Studie handelte, gab es noch eine dritte Bedingung. Ahnen Sie, welche? Genau! Die Kontrollgruppe. Diese war nur mit dem Aufruf versehen: „Lassen Sie Ihren Reifendruck checken!" Über einen Zeitraum von 22 Tagen wurden die Nachrichten variiert und überprüft, ob sie sich unterschiedlich auf die Häufigkeit der entnommenen Coupons auswirken. Was vermuten Sie? Welche Herangehensweise hat am ehesten den gewünschten Effekt erzielt und welche konnte hingegen die wenigsten Leute motivieren? Finanziell, Umwelt oder die Kontrollgruppe?

Lösen wir das Ergebnis auf: Am erfolgreichsten war die Umweltnachricht, gefolgt von der Kontrollgruppe. Der Aufruf, aus finanziellen Gründen eine Handlung zu setzen, die gleichzeitig auch umweltfreundlich ist, war am wenigsten von Erfolg gekrönt. Das erscheint doch unlogisch, warum ist das so?

Das Bewusstmachen des eigenen umweltfreundlichen Handelns führt bei Personen dazu, dass sie sich gut fühlen, die Psychologie nennt das ein positives Selbstbild. Das Setzen auf Eigeninteresse bei der Förderung eines nachhaltigen Lebensstiles erzielt nicht automatisch den gewünschten Effekt. Denn ist der finanzielle Anreiz nicht groß genug, wie die Ersparnis für den reduzierten Spritverbrauch durch den optimalen Reifendruck, löst es nicht ausreichend Motivation aus.

Der Ansatz ist wirksamer bei der Förderung von Verhaltensweisen, die in der Folge einen großen finanziellen Vorteil bringen wie zum Beispiel die Wärmedämmung des eigenen Hauses, welche im Regelfall hohes Einsparungspotenzial bei den Energiekosten mit sich bringt, oder wenn der Anreiz an sich hoch genug ist, wie zum Beispiel eine Förderung für die Installation einer PV-Anlage oder die Anschaffung eines Elektroautos. Doch wird ein Verhalten primär durch Eigeninteresse gefördert, drängt sich die Frage auf, ob es auch dann noch gezeigt wird, wenn der finanzielle Anreiz wegfällt.

Um dieser Frage auf den Grund zu gehen, haben im Rahmen einer Studie ForscherInnen mit Autoversicherungen zusammengearbeitet.[30] Ein Teil der versicherten Personen hat über einen Zeitraum von vier Monaten einen finanziellen Anreiz für einen umweltfreundlichen Fahrstil erhalten: Wurde die vorgeschriebene Geschwindigkeit eingehalten, musste man weniger Versicherungsprämie zahlen. Um potenzielle Limitüberschreitungen zu messen, wurde in den Autos der teilnehmenden Personen ein GPS-Gerät installiert, das Rückmeldung darüber gab, wo und wie schnell die Personen gefahren sind. Damit untersucht werden konnte, welchen Einfluss diese Strategie hat, wurde die „Anreizgruppe" mit einer Gruppe verglichen, für die das Einhalten der vorgegebenen Geschwindigkeit keinen Vorteil (= Kontrollgruppe) brachte. Die Ergebnisse kann man anhand der Grafik ablesen.

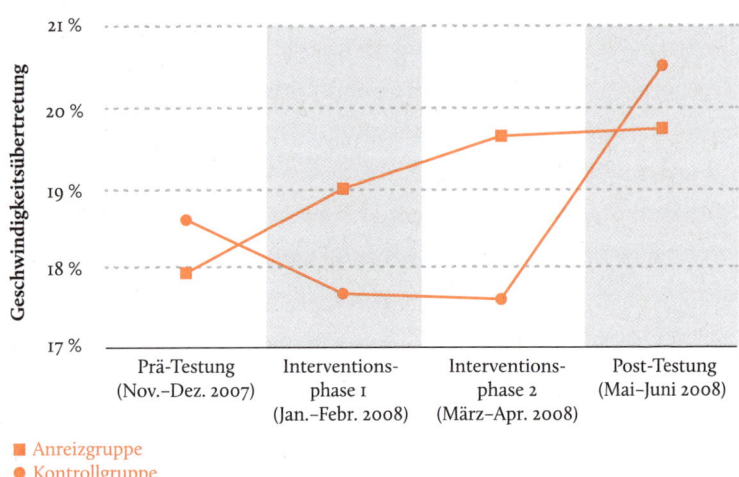

Der finanzielle Anreiz führte tatsächlich zu einer höheren Einhaltung des Tempolimits. Diese Ergebnisse legen die Annahme nahe, dass die Strategie der finanziellen Motivation durchwegs erfolgreich ist. Doch uns PsychologInnen interessiert auch immer, was passiert, wenn dieser Faktor wegfällt. Darum wurde auch eine Post-Messung durchgeführt, als der Fahrstil keinen Einfluss mehr auf die Höhe der Prämie hatte. Siehe da: Aus den langsamen „SonntagsfahrerInnen" wurde wieder ein Käpt'n Bleifuß! Nicht nur das: Es kam zu mehr Überschreitungen des Tempolimits als in der Kontrollgruppe.

Ein ähnliches Muster zeigte sich auch bei einer Studie von KollegInnen aus Deutschland. Dort wurde untersucht, ob durch finanzielle Anreize der Absatz von vegetarischen Menüs anstatt von Fleischgerichten gesteigert werden kann. Die Strategie zeigte die gewünschte Wirkung, jedoch nur solange der Anreiz auch vorhanden war. Gab es keinen finanziellen Vorteil mehr, sank die Anzahl der verkauften vegetarischen Speisen wieder.[31]

Warum machen wir es nicht einfach?

Welche Erkenntnisse lassen sich aus diesen Forschungsergebnissen zur Beantwortung der Frage „Warum machen wir es nicht einfach?" ziehen? Das Verändern von Werteinstellungen ist herausfordernd. Es ist schwer, etwas, das einem wichtig ist und ein Leitprinzip im Alltag darstellt, plötzlich nicht mehr zu beachten. Liegt mir das Wohl der anderen am Herzen, schaffe ich es kaum, kein Mitgefühl zu empfinden und wegzusehen, wenn beispielsweise Personen durch eine Naturkatastrophe ihr Hab und Gut verloren haben. Nimmt Geld einen hohen Stellenwert in meinem Wertesystem ein, ist es genauso hart, das ungute Gefühl, das sich durch Mehrkosten für zum Beispiel einen fair gehandelten Mantel aus Bio-Baumwolle aufdrängt, ganz zu ignorieren.

Umweltfreundliches Verhalten finanziell lukrativ zu machen, kann den gewünschten Effekt erzielen und die Bereitschaft dafür steigern. Jedoch nur, wenn der Anreiz auch wirklich groß genug ist. Außerdem wirkt der Ansatz eher bei Einmalanschaffungen wie zum Beispiel einem Bonus für den Kauf eines Elektroautos, anstatt bei kontinuierlichen Alltagshandlungen wie der Nutzung von Öffis oder dem tagtäglichen Energieverbrauch im Haushalt. Ein finanzieller Stups in Richtung zukunftsfreundliches Verhalten wirkt sich außerdem meist nur auf die konkrete geförderte Handlung aus und beeinflusst nicht die Umweltwerte. Denn die Person rechtfertigt ihre Motivation durch den finanziellen Vorteil und weniger durch den klimaschonenden Einfluss, den dieses mit sich bringt. Dadurch wird das Auftreten des sogenannten Überlaufverhaltens oder in der Fachsprache „spill over"-Verhaltens unterbunden. Dieses beschreibt das Phänomen, dass Personen durch das Bewusstwerden, schon punktuell umweltfreundlich zu handeln, eine stärkere positive Umwelteinstellung entwickeln und mit der Zeit ihren Alltag immer nachhaltiger gestalten und leben. Das Ausführen einer umweltfreundlichen Handlung „schwappt" somit auf weitere Bereiche über und trägt zur Stärkung einer generellen umweltfreundlichen Einstellung bei.[32] Dieser Effekt kann durch das Aufzeigen von bereits gelebten umweltfreundlichen Verhaltensweisen gefördert werden. Wie dies genau aussehen kann, sehen wir uns am Beispiel von Marlene an.

Marlene greift gerne zu Secondhand-Schätzen und wählt Öffis als ihr Hauptverkehrsmittel. Ihr Antrieb dafür ist der finanzielle Aspekt, da ihr so Monat für Monat mehr Geld in der Haushaltskasse bleibt. Als sie über diese Alltagshandlungen mit einer Freundin spricht, stellt diese bewundernd fest: „Du lebst ja bereits einen ziemlich klimafreundlichen Lebensstil." Dieser Aspekt war für Marlene bisher kaum im Fokus. Je mehr sie jedoch darüber nachdenkt, desto mehr wird ihr ihr klimafreundlicher Lebensstil bewusst und werden dadurch positive Emotionen hervorgerufen – ganz im Sinne von: „Ich fühle mich gut, weil ich eine nachhaltig handelnde Person bin." Schritt für Schritt beleuchtet sie, welche Lebensbereiche sie noch im Sinne des Umwelt- und Klimaschutzes umgestalten kann. Das ist die ideale Voraussetzung, um bei Personen die Bereitschaft für einen zukunftsfreundlichen Lebensstil zu erhöhen.

Was heißt das nun konkret für Sie, liebe Leserinnen und Leser? Setzen Sie sich hin und gehen Sie vor Ihrem inneren Auge Ihren typischen Tagesablauf durch. Halten Sie alle umwelt- und klimafreundlichen Handlungen, die Ihnen einfallen, auf einer Liste fest. Nun denken Sie an Bereiche, die nicht täglich auftreten – zum Beispiel Urlaubsreisen, Anschaffungen im Haushalt wie elektronische Geräte oder für den Freizeitbereich (z. B. Sportausrüstung), aber auch Ihre Rolle als politisch handelnde Person (z. B. Unterstützung von Petitionen oder Wahlen). Welche nachhaltigen Verhaltensweisen fallen Ihnen hier noch ein? Ergänzen Sie diese auf Ihre Liste. Werfen Sie einen Blick darauf und seien Sie stolz darauf, wie nachhaltig Sie Ihren Alltag schon gestalten!

Nun denken Sie bitte auch an zwei konkrete Handlungen, die Sie eigentlich schon immer in Ihr Leben integrieren wollten, wo aber der Umweltschweinehund es bisher immer wieder geschafft hat, Ihnen kurz vor der Umsetzung ein Bein zu stellen. Wäre es nicht eine logische Schlussfolgerung, dem Schweinehund endlich entgegenzutreten, da Sie ja generell schon einen hohen Stellenwert darauf legen, Ihr Leben umweltfreundlich zu gestalten? **Werfen Sie nochmals einen Blick auf Ihre „Umweltliste" im Alltag.** Wenn diese bereits eine große Bandbreite aufweist, können Sie sich definitiv als umwelt- und klimafreundlich handelnde Person einschätzen. Darum ist es der sinnvolle nächste Schritt, diese beiden ausgewählten Handlungen nun doch auch endlich tatsächlich in Ihrem Alltag zu zeigen. Bei der konkreten Umsetzung können Sie zum einen Ihre eigenen Werteinstellungen heranziehen. Rufen Sie sich nochmals das Ergebnis Ihres Wertetests vom Kapitelanfang ins Gedächtnis. Welcher Wert war der wichtigste für Sie? Blicken Sie mit dieser „Wertebrille" auf die geplanten Handlungen. Welche Vorteile können Sie durch diesen Blickwinkel für die Dinge, die für Sie zentral sind, erkennen? Stellen Sie sich diese Punkte vor Ihrem inneren Auge vor und schreiben Sie sie ebenfalls auf eine Motivationsliste. Nehmen Sie sich für diesen Punkt ausreichend Zeit und beleuchten Sie die Handlungen ausführlich. So kommt Ihnen vielleicht noch der eine oder andere zusätzliche Vorteil in den Sinn.

Ich gebe Ihnen ein Beispiel anhand meiner persönlichen Überlegungen und Entwicklungen: Mir sind altruistische Werte und somit das Wohlergehen anderer wichtig. Das Leiden anderer durch von mir mitgetragene Entscheidungen im Umwelt- und Klimabereich war deshalb auch für mich der Hauptantrieb, den Veränderungsprozess im Privaten und schlussendlich auch Beruflichem zu starten. Natürlich wirkt sich dieser berufliche Einsatz gegen die Klimakrise auch auf mein Privatleben aus und ich habe über die Jahre meinen Lebensstil immer klimafreundlicher ausgerichtet. Trotz der tagtäglichen Auseinandersetzung und dem breit gefächerten Wissen darüber frönte ich anfänglich noch ziemlich gerne dem Shoppingrausch. Um ehrlich zu sein, zog sich dieses Verhalten auch noch in die Anfangsphase meines Doktorats hinein – zu einem Zeitpunkt, als ich eigentlich schon ein Bewusstsein für die verheerenden Auswirkungen des Klimawandels, Umweltverschmutzung und insbesondere auch die Produktionsbedingungen der Modeindustrie hatte. Die Einkaufstrips wurden zwar um einiges weniger, doch noch immer durchliefen mich Glücksgefühle, wenn ich ein neu ergattertes Kleidungsstück trug. Die bereits immer stärker wachsende Kognitive Dissonanz konnte ich für mich dadurch lösen, dass es ja nur wenige Teile sind und ich ansonsten schon in anderen Bereichen sehr auf einen umweltfreundlichen Lebensstil achte. Doch irgendwann war die Diskrepanz zu groß. Das Verhalten stand schließlich im genauen Gegenteil zu meinen Werten, da entlang der gesamten Produktionslinie viel Leid für Mensch und Natur steckte (für weitere Informationen empfehle ich die Dokumentation „The True Cost"). Ich stellte mich der Herausforderung und rief mir, wenn ich an den besagten

Läden vorbeiging, die Bilder der leidenden Näherinnen ins Gedächtnis. Außerdem zeigte die Suche nach Alternativen, dass die Verhaltensänderung im Großen und Ganzen kein Verzicht war, sondern ich einfach nur neue, bisher nicht gewohnte Wege einschlagen musste (z. B. Suche auf Secondhand-Plattformen oder bei Fair-Fashion-Labels). Nun steht aber mein Konsumverhalten im Einklang mit meinen Werten und ich muss keine Anstrengungen mehr unternehmen, um gegen das schlechte Gewissen anzukämpfen. **Ein wirklich besseres Lebensgefühl!**

Das klingt jetzt leicht, mir ist natürlich bewusst, dass das Überlisten des Schweinhundes durch die Werte sicherlich eine der schwierigsten Disziplinen ist. Auch bei mir war es ein langer Prozess mit Höhen und Tiefen. Die gute Nachricht ist aber, der Umweltschweinehund hat durchaus mehrere Schwachpunkte und kann dort ausgetrickst werden. Eine Möglichkeit bieten zum Beispiel Hinweisreize in der Umgebung. Was damit genau gemeint ist und wie das konkret aussieht, zeigt das folgende Kapitel.

Sozialen Normen: Warum spare ich erst Strom, wenn meine Nachbarin es macht?

Stellen Sie sich vor, Sie sind auf Urlaub. Nach einem wunderschönen Tag in der Natur begeben Sie sich zurück in Ihr Hotelzimmer. Dort möchten Sie sich vor dem Abendessen noch etwas frisch machen. Darum hüpfen Sie kurz unter die Dusche. Nachdem Sie sich abgetrocknet haben, bleibt Ihr Blick auf der Suche nach dem Handtuchhaken auf folgendem Schild hängen:

Schützen Sie
die Umwelt!

Verwenden Sie
die Handtücher
noch einmal!

Spulen wir die Zeit zurück. Selbes Szenario: abendliches Duschen im Hotel. Dieses Mal erblicken Sie jedoch nach dem Abtrocknen folgendes Schild:

Schützen Sie
**gemeinsam
mit den anderen
Hotelgästen**
die Umwelt!

75 % der Gäste
verwenden die
Handtücher
noch einmal!

Hat die Nachricht auf dem Schild einen Einfluss darauf, ob Sie Ihr Handtuch wiederverwenden? Sie sind der Meinung, nein? Wieso sollte sich ein unterschiedlicher Satz gravierend auf Ihr Verhalten auswirken? Schauen wir, was die umweltpsychologische Forschung dazu rausgefunden hat ... (Spoiler: Ja, es macht einen Unterschied.[33])

Welches Verhalten wird von der Gesellschaft erwartet?

Das Schild im zweiten Szenario, welches über das Verhalten der anderen Hotelgäste informiert, verweist auf eine soziale Norm. Darunter versteht man ungeschriebene Gesetze und Regeln, die in der Gesellschaft gelten. Es sind Verhaltensweisen, die entweder häufig gezeigt oder innerhalb einer bestimmten Gruppe wertgeschätzt oder nicht anerkannt werden. Wenn man zu einer Kinokasse geht, eine Schlange sieht und sich anstellt, wirkt beispielsweise die soziale Norm, da es gesellschaftlich das Übereinkommen gibt, dass man sich nicht vordrängt. Besonders gern beobachte ich den Einfluss von sozialen Normen, wenn ich Menschen an einer roten Ampel sehe. Warten bereits einige Personen darauf, dass sie auf Grün umspringt, werden auch später Dazukommende eher warten. Macht jedoch eine Person den ersten Schritt, um schnell bei Rot die Straße zu queren, schließen sich meistens die anderen an. Soziale Normen sind somit Verhaltensweisen, die wir in unserem Umfeld wahrnehmen.

Auch wenn wir eine eher individualistische Gesellschaft sind, bei der im Vergleich zu einer kollektivistischen das Individuum im Mittelpunkt steht, hat das Verhalten der Mitmenschen durchaus Einfluss darauf, welche Verhaltensweisen wir zeigen – selbst wenn es wie in der Studie oben nur ein Satz ist. Die Wirkung der beiden Schilder wurde in einem Hotel getestet. Über einen Zeitraum von 80 Tagen bekam ein Teil der Gäste

Schild 1 (Kontrollgruppe) und der andere Teil das zweite Schild (Norm-Schild) ins Zimmer gehängt. Tatsächlich verwendeten die Gäste mit einem Norm-Schild die Handtücher signifikant häufiger noch einmal (44 % im Vergleich zu den 35 % in der Kontrollgruppe). Mich fasziniert es immer wieder, dass mit so einfachen Strategien eine solche Wirkung erzielt werden kann!

Wenn mich das Verhalten anderer umweltfreundlich macht ...

Soziale Normen nehmen auch im Zusammenhang mit einem nachhaltigen Lebensstil eine zentrale Rolle ein. Zum Beispiel, wenn es darum geht, den Energieverbrauch in Haushalten zu reduzieren. Dafür wird oft auf die Technologie des sogenannten Smart Meters gesetzt. Smart Meter sind Messgeräte, die unmittelbar Feedback zum eigenen Energieverbrauch geben. Im Gegensatz zum einmalig jährlichen Feedback bei der Gesamtabrechnung sollen die Personen dadurch leichter energieintensive Verhaltensweisen im Alltag erkennen und diese idealerweise reduzieren. Forschende im Bereich Umweltpsychologie waren daran interessiert, ob eine unterschiedliche Gestaltung dieser Geräte das Ausmaß des Energiesparverhaltens beeinflusst.[34] Dafür wurde der Energieverbrauch von 431 Haushalten in Kalifornien gemessen (= Baseline). Im Anschluss wurde in allen Häusern ein Smart Meter installiert, wobei es jedoch drei unterschiedliche Modelle gab. Das erste gab Rückmeldung zum Verbrauch in Form von Kilowattstunden, beim zweiten wurden zusätzlich die damit verbundenen finanziellen Kosten (= Einsparungspotenzial) angezeigt, während das dritte darüber informierte, wie der Verbrauch im Vergleich zur Nachbarschaft liegt. Um einen möglichen Einfluss zu messen, wurde der Energieverbrauch nach einer Woche und nach drei Monaten erhoben.

Nur Feedback

Aktueller Verbrauch

0.786 kw

Kosten & Feedback

Aktueller Verbrauch

10.593 kw

Kosten

$3.11 /h

Normen & Feedback

Aktueller Verbrauch

0.311 kw

Ähnliche Haushalte

0.698 kw

Rufen Sie sich die Inhalte der letzten Seiten in Erinnerung. Welche Anzeige hatte die höchste Auswirkung auf die Reduktion des Energieverbrauches im Haushalt? Was glauben Sie?

Die Ergebnisse zeigen, dass weder ein Feedback über den Verbrauch (Modell 1) noch Informationen über die damit verbundenen Kosten (Modell 2) zu einer Verhaltensänderung bei den teilnehmenden Personen geführt haben. Diese hatten also einen gleich hohen Energieverbrauch wie zuvor. Wurde hingegen ein Vergleich mit der Nachbarschaft gemacht, sah die Sache ganz anders aus! Diese Personengruppe hatte nach einer Woche einen um 9 % und nach drei Monaten immerhin noch um 7 % geringeren Verbrauch als zuvor.

Wann beeinflusst mich das Verhalten anderer?

In der umweltpsychologischen Forschung wurde in einer Vielzahl an Studien der Einfluss der sozialen Normen auf unser Umweltverhalten bestätigt. Doch es gibt verschiedene Faktoren[35], die darüber entscheiden, wie stark sie tatsächlich wirken. Betrachten wir diese am Beispiel von Ayla und ihrem Mülltrennverhalten.

→ **Salienz:** Damit Ayla Müll trennt, muss ihr die soziale Norm, dass Müll getrennt werden soll, schlicht und einfach bewusst sein (= Salienz). Dies kann geschehen, indem sie andere Personen bei dem Verhalten beobachtet. Zum Beispiel, wenn sie am Weg zu ihrer Wohnung bei den Gemeinschaftsmülleimern vorbeigeht und ihre Nachbarin dabei sieht, wie sie zuerst den Inhalt ihres Biomülleimers und dann den Papiermüll entsorgt. Nicht nur Verhaltensbeobachtungen, auch Hinweisreize in der Umgebung beeinflussen das Ausmaß der Salienz. Findet Ayla den eben beschriebenen gemeinschaftlichen Abfallbereich so vor, dass es in den verschiedenen Mülleimern kaum Fehlwürfe gibt, signalisiert ihr dies, dass die Mehrheit der BewohnerInnen Müll trennt.

→ **Gruppengröße:** Natürlich spielt es auch eine Rolle, wie viele Personen das jeweilige Verhalten tatsächlich zeigen. Ist es beispielsweise dem Großteil der BewohnerInnen in Aylas Haus ein Anliegen, dass der Müll sachgerecht getrennt wird, hat die damit verbundene soziale Norm einen größeren Einfluss auf das Mülltrennverhalten von Ayla, als wenn es nur vereinzelten Personen ein Anliegen ist und die Mehrheit der Hausgemeinschaft es nicht forciert.

→ **Bezugsperson:** Wichtig ist auch, dass Ayla sich mit der Gruppe, die das Verhalten ausführt und somit die soziale Norm vorgibt, identifiziert. Um sich identifizieren zu können, muss man aber nicht alle Gruppenmitglieder persönlich kennen. Es ist ausreichend, wenn man sich aufgrund eines Merkmals, dass man mit dieser Gruppe teilt, dazugehörig fühlt. Diese Merkmale können der gemeinsame Wohnort, die eigene Nationalität, der Beruf, aber auch ein gemeinsames Hobby

oder die politische Orientierung sein. Setzt sich beispielsweise eine politische Partei, mit deren Ausrichtung Ayla
nicht übereinstimmt, für eine stärkere Mülltrennung ein,
wird dies einen geringeren Einfluss auf ihre Mülltrennrate
haben, als wenn der Vorstoß von der Partei kommt, die sie
regelmäßig wählt.

→ **Persönliche Norm:** Unter der persönlichen Norm versteht
man die eigene Überzeugung davon, ob man ein Verhalten
als positiv oder negativ beurteilt. Angenommen, Ayla zieht
in eine neue Wohnung und dort ist der gemeinschaftliche
Müllplatz nicht organisiert. Ein Blick in die Mülltonnen
verrät, dass es nur so von Fehlwürfen strotzt, eine Papier-
verpackung verirrt sich gerne mal in den Restmüll oder
eine Plastikflasche mischt sich unter den Biomüll. Hat Ayla
die persönliche Überzeugung, dass es wichtig ist, Müll zu
trennen, wird der unordentliche Müllplatz nicht zu einer
Abnahme des Verhaltens führen. Soziale Normen haben
dann eine große Wirkung, wenn Personen zu einer konkreten Handlung noch keine starke persönliche Norm gebildet
haben, also zu einem Verhalten noch nicht wirklich eine
Meinung haben, wie sie dazu stehen.

Soll- versus Ist-Norm: Wenn ein Konflikt umweltfreundliches Verhalten reduziert

Es gibt zwei Arten von sozialen Normen: die Soll-Norm, in der
Fachsprache injunktive Norm genannt, und die Ist-Norm, die
auch als deskriptive Norm bezeichnet wird. Die Soll-Norm ist
die bewertende Norm. Darunter versteht man die Beurteilung
von Verhaltensweisen als angemessen oder unangemessen. „Es
gehört sich, bei einer roten Ampel zu warten, bis es grün wird"
ist beispielsweise eine Soll-Norm. Ist-Normen beschreiben ein

Verhalten, welches man im eigenen Umfeld wahrnimmt. Quert ein Großteil der FußgängerInnen trotz roter Ampel die Straße, ist dies eine deskriptive Norm. Diese beiden Normen können sich widersprüchlich gegenüberstehen, wenn ein Verhalten zwar gesellschaftlich nicht besonders angesehen ist, es jedoch von vielen gezeigt wird – oder umgekehrt. In diesem Fall spricht man von einem Normenkonflikt. Themen wie Klimawandel, Umweltverschmutzung und Biodiversitätsverlust sind in aller Munde. Durch das steigende Bewusstsein verbreiten sich neue „Solls" in Form von: „Eigentlich sollte man ... öfter den Bus statt das Auto nehmen, ... weniger Fleisch essen und Bio-Qualität wählen, ... nicht das Flugzeug als Transportmittel wählen ..." Es entsteht der Eindruck, dass die Gesellschaft klima- und umweltfreundliche Verhaltensweisen gut findet und regelrecht einfordert. In der wahrgenommenen alltäglichen Realität ist jedoch häufig ein gegensätzliches „Ist" zu beobachten: Stau aufgrund der vielen Autos, Preisschlachten im Lebensmittelsegment, der Anteil von Biofleisch liegt bei etwa 2 % des Gesamtfleischmarktes, Boom an Billigflugangeboten, und vieles mehr. **Doch wie wirkt sich so ein Normenkonflikt auf das Verhalten aus?** Hat die Soll- oder die Ist-Norm Oberhand, wenn es darum geht, unser Verhalten zu leiten?

Dieser Frage wurde im Rahmen einer Studie in einem kalifornischen Nationalpark nachgegangen.[36] Dort stand man vor dem Problem, dass unter den besuchenden Personen der Trend aufkam, versteinertes Holz aus dem Park als Souvenir mitzunehmen. Dies stellt jedoch einen Eingriff in das Ökosystem dar. Darum wurde mit der Hilfe eines Umweltpsychologie-Forschungsteams nach Möglichkeiten gesucht, Personen zu motivieren, dieses schädliche Verhalten zu unterlassen. Es wurden verschiedene Hinweisschilder erstellt und deren Wirksamkeit im Park getestet. Die Schilder hatten folgende Nachricht:

Bitte nehmen Sie kein versteinertes Holz aus dem Park mit!

In der Vergangenheit haben viele BesucherInnen versteinertes Holz aus dem Park mitgenommen.

Dies war ein massiver Eingriff in den Wald!

Außerdem wurde noch getestet, wie häufig die Steine mitgenommen wurden, wenn gar kein Schild aufgestellt war (= Baselinemessung).

Nun sind Sie gefragt, liebe Leserin und lieber Leser. Welche Strategie vermuten Sie als die erfolgreichste? Welcher Ansatz hat im Gegensatz dazu am wenigsten gebracht?

Lösen wir das Rätsel auf: Während der Baselinemessung (ohne Schild) lag die Rate der Personen, die „ein Stück des Parks" für zuhause mitnehmen wollten, bei ca. 3 %.

Bei Schild Nr. 1, einem „Standardschild", das man aus dem eigenen Alltag sicherlich kennt, lag die Rate bei 2 %. Das heißt, dass das Schild eine gewünschte Verhaltensänderung erzeugt hat und die Rate um 1 % reduziert hat. Doch wie sieht es mit Schild Nr. 2 aus? War diese Strategie noch erfolgreicher?

Bei Schild Nr. 2, welches das Fehlverhalten der vergangenen BesucherInnen aufzeigt, lag die Rate bei ca. 8 %. Das heißt, die Anzahl der Personen hat sich, während dieses Schild aufgestellt war, fast verdreifacht. Somit war diese Strategie am wenigsten erfolgreich und hat im Gegenteil sogar noch das unerwünschte Verhalten befeuert. Warum ist das der Fall?

Weil auf Schild Nr. 2 ein Normenkonflikt aufgezeigt wurde. Die Soll-Norm hat zwar darauf hingewiesen, dass die Mitnahme von Steinen nicht erwünscht ist. Jedoch wurde die Ist-Norm aktiviert, indem erwähnt wurde, dass andere BesucherInnen dieses unerwünschte Verhalten zeigten. **Folglich ist das Verhalten zwar nicht in Ordnung, aber die anderen machen es ja auch.** Ein Satz (bzw. eigentlich Ausrede), die man rund um das Thema umweltfreundliches Verhalten sehr häufig antrifft. Normenkonflikte wirken sich tendenziell negativ auf die Bereitschaft für umweltfreundliches Verhalten aus. Unerwünschtes, schädliches Verhalten wird durch eine explizite Kommunikation dieses Konfliktes zusätzlich verstärkt. Darum führen Schlagzeilen wie „EuropäerInnen wollen nicht auf ihr Auto verzichten", „Trotz Vegan-Trend – Pro-Kopf-Fleischkonsum bleibt hoch" und „Billigflüge beliebter denn je!" eher dazu, dass Personen sich eher nach der Ist-Norm richten und das tun, „was alle anderen auch tun". Also dazu, dass der innere Umweltschweinehund wieder mal gewinnt.

Wenn Normen überschwappen ...

Interessanterweise haben solche Konflikte auch Auswirkungen auf Verhaltensweisen in anderen Bereichen. Lassen Sie mich anhand verschiedener Studien von Kolleginnen und Kollegen aus den Niederlanden erklären, was damit gemeint ist.[37] Die Daten für diese Erkenntnisse wurden im Rahmen einer Feldstudie erhoben, das heißt, die Forschenden begeben sich „raus" und beobachten Personen in ihrem natürlichen Umfeld beim Ausführen unterschiedlicher Alltagshandlungen. Im Gegensatz dazu gibt es die Laborstudie, bei der Personen in ein Labor, meist in einer Universität, gebeten werden und dort zum Beispiel einen Fragebogen ausfüllen.

Bei der Studie spielten Fahrräder eine wichtige Rolle. Konkret wurden in einer Gasse, in der viele Personen ihre Räder parkten, Flyer an den Lenkern platziert. Ziel war es, zu untersuchen, wie häufig Personen, wenn sie zurückkommen und die Flyer vorfinden, diese achtlos auf den Boden „entsorgen" und ob der Zustand ihrer Umgebung einen Unterschied macht. Dafür wurde vom Forschungsteam ein Verbotsschild angebracht, das „Graffiti verboten" lautete. Im ersten Setting gab es tatsächlich keine Graffiti an der Wand und es signalisierte somit den vorbeigehenden Personen, dass die Soll-Norm eingehalten wurde. In der zweiten Bedingung, so werden in der psychologischen Forschung die unterschiedlichen Rahmenbedingungen genannt, waren jedoch Graffiti an die Wand gesprüht. Dies vermittelte einen Konflikt zwischen Soll- und Ist-Norm. Obwohl Wanddekorationen aus der Dose verboten waren, konnten es Personen nicht lassen (übrigens die Forschenden selbst) und haben sich ausgetobt.

Die Frage ist nun, ob es sich auf unser Umweltverhalten auswirkt, wenn wir bemerken, dass sich Personen in anderen Bereichen nicht an die Regeln halten (und verbotenerweise Graffiti an die Wand sprühen). Gab es „saubere Wände", warfen 32 % den Flyer achtlos auf den Boden. Wurde jedoch eine Soll-Norm nicht eingehalten, stieg die Zahl auf erstaunliche 69 % – sie verdoppelte sich. Die Antwort, ob der Zustand der Umgebung einen Einfluss hat, lautet also klar „ja"!

Dieser Effekt wurde in einer Reihe weiterer Studien bestätigt. Interessant ist zum Beispiel auch, dass eine verschmutzte Umwelt die Bereitschaft, gesellschaftliche Soll-Normen zu missachten, erhöht. In einem Wohnhaus wurde in einer vermüllten Umgebung aus einem Gemeinschaftsbriefkasten, aus dem scheinbar zufällig (aber natürlich absichtlich von Forschenden drapiert) ein Brief hing, aus dem Geld blitzte, von 25 % der Personen gestohlen. Wurde die Gegend jedoch gesäubert, lag die Rate bei „nur" 13 %. Es mag nun auf den ersten Blick erschreckend klingen, dass unser Umweltschweinehund scheinbar so leicht durch das Fehlverhalten anderer Personen beeinflusst und mitgerissen wird. **Die gute Nachricht ist: Was in die negative Richtung passiert, gelingt auch ins Positive!**

Wieder mal machte sich dieselbe Forschungsgruppe aus den Niederlanden auf, um Erkenntnisse „im Feld" zu bekommen. Dieses Mal sollte der Einfluss unterschiedlicher Umgebungen auf das Zeigen von prosozialem Verhalten, Verhalten, das anderen Personen hilft oder nützt, untersucht werden. Dafür gab es auch Konföderierte. So nennt man in der Forschung eingeweihte Personen, die als Art StatistInnen dienen und das Forschungsteam dabei unterstützen, eine Studie durchzuführen. Konföderierte 1, ich weiß, dass sie Ellen heißt, da ich das Forschungsteam mal besucht habe, schob ihr Fahrrad die Straße entlang und ließ scheinbar zufällig ihre frisch gekauften Orangen fallen (mittlerweile wissen Sie, liebe LeserInnen, dass in psychologischen Studien kaum etwas zufällig geschieht ☺). Die Frage war, wie viele Personen ihr beim Aufheben helfen würden, also ein prosoziales Verhalten zeigen. Einmal fand dieses Szenario in einer sauberen Umgebung statt, das heißt, es war kaum achtlos weggeworfener Müll auf der Straße vorhanden. Ein zweites Mal ging eine Person vorbei (Konföderierte 2 mit dem Namen Goda) und warf ihre Dose in einen Mülleimer. Das heißt, dass dadurch die Soll-Norm „Müll soll nicht auf die Straße geworfen werden" sichtbar wurde und sich Goda auch dran gehalten hat. In der letzten Bedingung ging es noch einen Schritt weiter. Hier war Goda dabei zu beobachten, wie sie den Gehsteig fegte. Das heißt, dass sie nicht nur ihren eigenen Müll entfernte (wie in Szenario 2), sondern auch den Müll der anderen. Somit stellte diese Bedingung diejenige mit dem höchsten Level an prosozialem Verhalten dar. Doch wie haben diese drei unterschiedlichen Szenarien nun Einfluss auf das Ausmaß von gezeigtem prosozialen Verhalten der anderen? In einer sauberen Umgebung halfen 40 % der vorbeigehenden Personen Ellen beim Aufheben der Orangen. Warf eine Person im Hintergrund eine Dose weg, stieg die Zahl auf 64 %. Wurde von einer anderen Person prosoziales Verhalten gezeigt (Kehren des Gehsteigs), kletterte die Zahl sogar auf 82 %. Auch hier gab es wieder eine Verdoppelung im Vergleich zu Szenario 1!

Warum machen wir es nicht einfach?

Was bedeuten die Erkenntnisse rund um die sozialen Normen nun für die Beantwortung der Frage: **„Warum machen wir es nicht einfach?"** Zum einen zeigen sie deutlich auf, wie sehr das Verhalten unseres Umfelds tatsächlich beeinflusst, ob wir klimafreundliche Verhaltensweisen im Alltag zeigen oder nicht. Denken Sie an eine klimafreundliche Handlung, die Sie schon lange umsetzen wollten, jedoch bis jetzt immer vom Umweltschweinehund daran gehindert wurden. Welche Gründe gibt es dafür?

Ich vermute, dass einer der Faktoren das fehlende Verhalten in Ihrem Umfeld ist. Ein Umstieg auf fleischreduzierte, vielleicht sogar vegane Kost fällt umso schwerer, wenn die anderen Familienmitglieder passionierte Fleischessende sind; eine Reduktion des eigenen Konsums wird umso schwieriger, wenn ein Bummel durch diverse Shoppingcenter und Einkaufsstraßen einen Fixpunkt im Freundeskreis darstellt; die Wahl des Autos für den morgendlichen Arbeitsweg löst weniger schlechtes Gewissen aus, wenn man mit diesem Transportmittel in guter Gesellschaft seiner ArbeitskollegInnen ist. Damit sind nur einige wenige Beispiele aus unserem Alltag genannt.

Stehen Sie mit Ihren Vorsätzen allein im Umfeld dar, kann das entmutigen – aber es ist nicht aussichtslos! Wie entkommen wir den Fängen des Umweltschweinehundes? Es ist nicht so schwer, wie Sie denken, Sie müssen dafür nicht radikal Ihren Freundeskreis auswechseln oder mit Ihrer Familie brechen. Es hilft schon, sich einzelne „Verbündete" zu suchen. Vielleicht bemerken Sie in Einzelgesprächen, dass auch eine weitere Person Interesse daran hat, klimafreundlichere Rezepte zu probieren, oder eine Kollegin gerne mit Ihnen eine Radfahr- oder Zugfahrgemeinschaft für den täglichen Arbeitsweg bildet. Falls dies nicht der Fall ist, können beispielsweise auch die sozialen Medien Unterstützung bieten. Suchen Sie sich Personen, die ein ähnliches Ziel wie Sie verfolgen, und abonnieren Sie deren Accounts. Sie werden sehen, dass diese Erweiterung des Umfeldes sich positiv auf die tatsächliche Umsetzung Ihrer Intentionen auswirkt. Beobachtet man andere Personen dabei, wie sie dasselbe Rezept probieren, fühlt man sich miteinander verbunden und bestärkt – selbst wenn man sich nicht persönlich kennt. Für alle, die im Bereich soziale Medien weniger bewandert sind bzw. kein Interesse daran haben, gibt es andere Kanäle: Abonnieren Sie eine Zeitschrift rund um das jeweilige Thema, Podcasts gibt es inzwischen wirklich sehr viele gute, schauen Sie sich einen Film an oder lesen Sie ein Buch, in dem es diskutiert wird (Sie halten übrigens gerade eines in Händen ☺), besuchen Sie einen Kochkurs, sprechen Sie darüber mit KollegInnen und FreundInnen. Den Möglichkeiten sind keine Grenzen gesetzt. Wichtig ist, dass es zu Ihrem Alltag passt und möglichst leicht umsetzbar ist.

Eine weitere Strategie, um sich und andere zu motivieren, ist, sich die positiven Veränderungen vor Augen zu führen. Möchte man den eigenen Fleischkonsum reduzieren, können sich Nachrichten wie „Fleischkonsum unverändert hoch" oder Arbeitsmeetings, bei denen die Wahl eines Fleischgerichtes absoluter Standard ist, (unbewusst) als Stolperstein erweisen. Denn dadurch hat man den Eindruck, die Ist-Norm lautet, viel Fleisch zu verzehren. Gerade im Umweltbereich sind die Ist-Normen oft eher nicht motivierend – der Lebensstil unserer Gesellschaft ist zum Großteil eher klimaschädigend. Dagegen hilft es, sich oder anderen Personen die positiven Entwicklungen bewusst zu machen. Fleisch gehört für viele noch immer zum täglichen Speiseplan. Aber: Immer mehr Personen entscheiden sich für eine fleischreduzierte Lebensweise oder leben sogar vegan!

Hier möchte ich noch ein „Achtung" ergänzen, damit sich der Umweltschweinehund nicht wieder über die Hintertür einschleicht. Erinnern Sie sich an die Studien zum Energieverbrauch im Haushalt? Eine Reduktion konnte dann erzielt werden, wenn sich die Personen mit ihrer Nachbarschaft verglichen haben. Weiterführende Studien haben aber gezeigt, dass dieser Effekt nur eingetreten ist, wenn die Personen davor mehr verbraucht haben als die Vergleichsgruppe. Lag ihr anfänglicher Verbrauch unter dem Durchschnitt, das heißt, ihr Energieverbrauch war im Vergleich zu den NachbarInnen bereits niedrig, so konnte man den gegenteiligen Effekt beobachten: Mit der Zeit haben sich auch diese Personen dem Durchschnitt angepasst, indem ihr Verbrauch gestiegen ist.[38]

Dieses Verhalten kennt sicherlich jede und jeder aus dem eigenen Leben. „Ich lebe viel umweltfreundlicher als meine KollegInnen, da kann ich ja wohl mal schnell das Auto nehmen!"; „Ich ernähre mich seit Jahren vegan, da ist der One-Click-Einkauf beim

Onlineversandriesen wirklich kein Problem!"; „Ich setze mich seit Jahren für eine bessere Mülltrennung ein, da habe ich mir den Wochenendtrip – Flug inklusive – verdient!" Diese Strategie ist verführerisch, wie aber kann man dieser Ausredenfalle entkommen?

Durch positive Anerkennung zum jeweiligen Umweltverhalten. Im Falle der Studie zum Energiekonsums im Haushalt hieß dies konkret, dass Personen mit einem unterdurchschnittlichen Verbrauch eine Anerkennung erhielten: in Form eines lachenden Smileys. Dies führte dazu, dass selbst nach dem Vergleich mit dem höheren Energieverbrauch der Nachbarschaft der eigene Energiekonsum gering blieb. Bei der Personengruppe, die keinen Smiley hatte, stieg der Konsum wieder an. Deshalb: Rufen Sie sich ihre umweltfreundlichen Handlungen ins Gedächtnis! **Klopfen Sie sich selbst dafür auf die Schulter!** Das mag der Schweinehund gar nicht. Auch von mir bekommen sie dafür ein herzliches ☺.

Fällt der Griff zum Fahrradhelm statt zum Autoschlüssel mal besonders schwer, rufen Sie sich die Erkenntnisse der Studie rund um das prosoziale Verhalten in Erinnerung. Durch Ihre umweltfreundlichen Handlungen und die daraus folgenden Umgebungshinweise, wie beispielsweise ein Fahrradhelm am Schreibtisch oder der Plan mit den Fahrzeiten der Straßenbahn, sind Sie ein Vorbild für andere und bestärken – oft unbewusst – deren Intention für umweltfreundliche Verhaltensweisen positiv. Auch wenn die Situation rund um den Klimawandel und die Verschmutzung unseres Ökosystems oft überfordernd scheint: Man kann als Einzelperson definitiv etwas bewirken und verändern! Kommen Ihnen Zweifel, rufen Sie sich mindestens zwei solcher Personen in Erinnerung, die gegen alle Widerstände solche Veränderungen initiiert haben. Ein prominentes Beispiel ist Greta

Thunberg – was als Ein-Personen-Protest vor dem schwedischen Parlament angefangen hat, wurde zu einer weltweiten Bewegung, die das Thema Klimawandel wieder stärker in die öffentliche Wahrnehmung gerückt hat, inzwischen finden regelmäßig in allen Ecken dieser Welt friedliche und engagierte Umweltdemos statt – das wäre noch vor wenigen Jahren undenkbar gewesen. Schließen möchte ich mit einem Satz aus dem Buch „Psychologie für eine bessere Welt" von Niki Harré.[39] Dieser lautet (übersetzt): **Wenn du Nachhaltigkeit voranbringen möchtest, sei und lebe selbst sichtbar nachhaltig und hinterlasse so viele Verhaltensspuren wie möglich!** Denn man kann mit der Hilfe der sozialen Normen den Umweltschweinehund austricksen – und nachhaltig besiegen!

Aber selbst wenn einen das Bewusstmachen der Wertebrille und des Einflusses von sozialen Normen bei der Frage **„Warum machen wir es nicht einfach?"** ein Stück weiterbringt, gibt es einen weiteren Stolperstein, den wir alle nur zu gut kennen: die Macht der Gewohnheit.

Gewohnheiten: Die meiste Zeit machen wir, was wir die meiste Zeit machen

Wir kennen es alle! Man schwört hoch und heilig, ein Gewohnheitsverhalten zu ändern: „Zukünftig greife ich beim Einkaufen zum Fairtrade-Bio-Kaffee"; „Ich schalte bei den Elektrogeräten in meiner Wohnung den Standby-Modus aus"; „Ab morgen wähle ich nicht automatisch den Aufzug, um zu meiner Wohnung im zweiten Stock zu gelangen, sondern nehme die Treppen." Die Motivation ist hoch. Bis der Alltag zuschlägt und sich das eigentlich „verbannte" Verhalten scheinbar wie von selbst wieder einschleicht.

Warum fällt es uns so schwer, kleine alltägliche Handlungen zu verändern? Möglicherweise liegt es daran, dass es sich bei diesen Verhaltensweisen um Gewohnheiten handelt, die im Alltag oft scheinbar wie von selbst ablaufen.

Doch welche Eigenschaften muss ein Verhalten aufweisen, damit man darunter eine Gewohnheit versteht? Machen Sie sich mit Hilfe einer (umweltfreundlichen) Gewohnheit in Ihrem Leben Gedanken dazu.

Was sind eigentlich Gewohnheiten?

In der Psychologie versteht man unter Gewohnheiten kognitive Strukturen, bei denen spezifische Situationshinweisreize mit einem Verhaltensmuster verknüpft werden. Das Auftreten dieses Hinweisreizes führt dazu, dass das Verhalten automatisch abläuft. Bei Peter ist der Aufzug in seinem Wohnhaus ein solcher Hinweisreiz. Sobald er ihn sieht, nutzt er ihn, auch ohne groß darüber nachzudenken. Dabei nimmt er sich regelmäßig vor, doch endlich die Treppen zu nehmen ...

Um der Frage, was ein Gewohnheitsverhalten nun ausmacht, auf den Grund zu gehen, wurden 244 Studierende aus Texas gebeten, über den Zeitraum von ein bis zwei Tagen stündlich ihre Handlungen und dazugehörigen Gedanken in einem Tagebuch festzuhalten.[40] Ein Armband mit Signalfunktion stellte sicher, dass diese Aufgabe nicht vergessen wurde. Für jedes gezeigte Verhalten sollten darüber hinaus auch folgende Angaben gemacht werden: „Kommt dieses Verhalten öfter in meinem Alltag vor?" und „Führe ich das Verhalten immer an demselben Ort aus?"

Die Ergebnisse zeigen, dass man ein Drittel bis zur Hälfte aller Alltagshandlungen als Gewohnheit einstufen kann. Warum? Sie wurden *regelmäßig* in *derselben Umgebung*, also im Zusammenhang mit einem stabilen Hinweisreiz ausgeführt. Interessanterweise gaben die Personen auch an, dass sie beim Ausführen der Handlung gedanklich oft woanders waren und sich nicht auf das Verhalten selbst konzentriert haben.

Daraus wurden vier Charakteristika einer Gewohnheit abgeleitet:

→ **Häufigkeit:** Das Verhalten wird häufig gezeigt.

→ **Stabilität:** Das Verhalten wird immer in derselben räumlichen Situation gezeigt.

→ **Erfolg:** Das Verhalten führt zum Erreichen des gewünschten Zieles und somit zu Erfolg.

→ **Automatisch:** Das Verhalten läuft automatisch ab, ohne dass sich die Personen groß Gedanken machen müssen.

Betrachten wir diese Eigenschaften anhand des eingangs erwähnten Verhaltens von Peter. Da er mindestens einmal täglich seine Wohnung verlässt und dabei immer den Lift nimmt, zeigt er diese Verhaltensweise häufig. Er führt es immer in derselben Situation, seinem Wohnhaus, aus. Hinweisreiz ist dabei die Aufzugstür, die ihm ins Auge sticht, sobald er seine Wohnung verlässt oder durch die Haupteingangstür sein Wohngebäude betritt. Das Verhalten hat bisher zum Erreichen des gewünschten Zieles geführt: sich bequem zwischen Erdgeschoß und zweitem Stock hin und her zu bewegen. Sobald Peter die Aufzugstür sieht, drückt er automatisch auf den Knopf, um ihn zu rufen. Darüber macht er sich keine bewussten Gedanken, sondern ist in Gedanken schon meist bei den Aufgaben, die der Arbeitstag mit sich bringen wird, oder beim Abendessen, dass er sich gleich noch zubereiten wird.

Doch wie wird aus einem Verhalten eine Gewohnheit? Zu Beginn steht das Vorhaben, eine bestimmte Handlung zukünftig im Alltag umzusetzen. In der Psychologie bezeichnet man dies als Verhaltensintention. Doch spielen wir den Prozess am Beispiel von Melisa durch. Sie möchte ihren Energieverbrauch im Haushalt reduzieren. Darum plant sie neben dem Umrüsten auf LED-Lampen unter anderem, Elektrogeräte nicht mehr im Stand-by-Modus zu lassen, sondern sie in eine Steckerleiste zu geben, die man mit einem Knopf abschalten kann. Sobald sie mit der Nutzung eines Gerätes fertig ist, betätigt sie den Knopf und die Stromzufuhr ist unterbunden. Sie schafft es, diese Handlung immer wieder im selben räumlichen Kontext, nämlich ihrer Wohnung, auszuführen, und erreicht somit das gewünschte Ziel, die Elektrogeräte ganz abzudrehen. Mit der Zeit wandelt sich das Vorhaben zu einer Gewohnheit. Sobald dies der Fall ist, hat eine Verhaltensintention nur mehr wenig Vorhersagekraft darüber, ob ein Verhalten tatsächlich auftritt oder nicht. Stattdessen gewinnt ein anderer Faktor an Bedeutung: unser vergangenes Verhalten. Und gegen dieses haben unsere guten Intentionen oder auch moralischen Überzeugungen oft keine Chance. Das sind Gründe, weshalb umweltschädigende Gewohnheiten in unserem Alltag oft eher ein Hindernis für die Aufnahme eines nachhaltigen Lebensstils sind. Eine starke Gewohnheit, mittags zu Fleischgerichten zu greifen, lässt die noch so gute Absicht, die Pausen vegetarisch zu gestalten, blass aussehen.

Ich möchte hier jedoch nicht die Notwendigkeit von Gewohnheiten schmälern. Der Großteil unseres Alltags ist von Gewohnheiten bestimmt und das mit gutem Recht! Nur so können wir unsere begrenzten kognitiven Ressourcen, also das Ausmaß an Aufmerksamkeit, das uns zur Verfügung steht, gezielt einsetzen und erleben nicht täglich eine Reizüberflutung. Stellen Sie sich vor, Sie müssten sich immer wieder Gedanken darüber machen, wie man Zähne putzt, sich anzieht oder das Frühstück isst. Routinemäßig ablaufendes Verhalten ermöglicht es, dass wir nicht ständig über dieselben Dinge nachdenken müssen.

Tunnelblick durch Gewohnheiten?

Starke Gewohnheiten beeinflussen also, inwiefern wir unser Verhalten ändern. Starke Gewohnheiten beeinflussen aber auch, welche Informationen wir überhaupt beachten und wie wir sie verarbeiten. Genauer lässt sich dies an der folgenden Studie veranschaulichen[41]: Personen bekamen die Aufgabe, zu entscheiden, welche Mobilitätsart sie auswählen, um einen fiktiven Weg beispielsweise zu einem Geschäft zurückzulegen. Die ProbandInnen hatten die Wahl zwischen Rad, Bus, Zug oder zu Fuß. Sie konnten zu diesen vier Fortbewegungsarten zusätzliche Informationen einholen – mussten diese aber extra mit einem Mausklick anfordern. Personen, die schon eine starke Gewohnheit für die Nutzung einer dieser Fortbewegungsmittel mitbrachten, interessierten sich weniger für die Alternativen und holten signifikant weniger Informationen über diese ein. Das heißt, dass Gewohnheiten die Informationssuche und auch Aufnahme dieser reduzieren und Personen somit weniger offen für neue Möglichkeiten sind.

Doch gibt es Möglichkeiten, selbst „Gewohnheitstiere" dazu zu motivieren, mehr Informationen in Betracht ziehen? In einem weiteren Durchgang der oben dargestellten Studie wurde den teilnehmenden Personen gesagt, dass sie sich nach ihrer Entscheidung für diese rechtfertigen müssen. Tatsächlich zeigte dieser Ansatz für einen kurzen Zeitraum seine Wirkung. Auch Menschen mit starken Gewohnheiten betrachteten den Sachverhalt aus verschiedenen Blickwinkeln. Je mehr Entscheidungen jedoch zu treffen waren, desto schneller nahm die Gewohnheit wieder überhand und es wurden weniger Informationen eingefordert. Diese Ergebnisse bringen eine weitere Erklärung für die Frage: **„Warum machen wir es nicht einfach?"** Angenommen, in einer Stadt wurde das öffentliche Verkehrsnetz ausgebaut und in der Folge sollen mehr Leute dazu motiviert werden, es auch tatsächlich zu nutzen. Für Personen, die im Alltag hauptsächlich mit dem Auto unterwegs sind, stellt die Gewohnheit eine Barriere dar, da sie sie bereits davon abhält, sich überhaupt Informationen darüber einzuholen, welche Fahrten ersetzt werden könnten. Eines von vielen Beispielen aus dem Alltag, wie umweltschädigende Gewohnheiten eine Barriere für einen nachhaltigen Lebensstil darstellen können.

Gewohnheiten messen: Wie wir etwas schwer Greifbares greifbar machen

Nun darf ich Sie einladen, mich in das umweltpsychologische Forschungslabor zu begleiten. Stellen Sie sich vor, Sie sind Wissenschaftlerin oder Wissenschaftler und möchten die Wirksamkeit eines Trainingsprogrammes zur Reduktion des Energieverbrauchs im Haushalt untersuchen. Sie möchten wissen, ob das Absolvieren des Programms (Fachbegriff aus der Psychologie wäre in dem Fall „Intervention") dazu geführt hat, dass energieintensive Gewohnheiten gegen klimafreundlichere Handlungen ausgetauscht wurden. Machen Sie sich bitte kurz Gedanken zu folgender Frage: Wie messen Sie eine Gewohnheit (unter Einhaltung von ethischen Richtlinien)? Wie können Sie feststellen, ob sich diese geändert hat?

Gar nicht so einfach, oder? Gewohnheiten sind ja per Definition automatisch und oft unbewusst, weshalb man wohl lückenhafte Antworten bekommt, wenn man Personen beispielsweise direkt ihre Gewohnheiten aufzählen lässt. Das valide Messen von Gewohnheiten stellt somit für die Umweltpsychologie eine Herausforderung dar. Ich möchte ein paar Möglichkeiten vorstellen, die in der umweltpsychologischen Forschung zum Einsatz kommen.

Die erste ist das *Antwort-Häufigkeits-Maß der Gewohnheitsstärke* oder im Original: response frequency measure.[42] Dieses Instrument basiert auf der Annahme, dass Personen auf bestehende Verhaltensgewohnheiten zurückgreifen, wenn in einer Situation nicht ausreichend Informationen vorhandenen sind. Also wenn Paul an einem neuen, ihm unbekannten Ort zum Museum möchte und nicht genau weiß, wie er am besten dorthin kommt, wird er das Fortbewegungsmittel wählen, das sich für ihn in der Vergangenheit am meisten bewährt hat: sich zu Fuß auf den Weg machen und schauen, was passiert.

Das Antwort-Häufigkeits-Maß kommt hauptsächlich zum Einsatz, um Gewohnheiten im Mobilitätsbereich zu messen. Dafür wird Personen eine Auswahl von fünf Alltagstätigkeiten wie beispielsweise „Lebensmitteleinkauf" oder „Besuch eines Freundes im Nachbarort" präsentiert und gebeten, so schnell wie möglich die Art der Fortbewegung zu nennen, die sie für diese Strecke wählen würden. Die Stärke einer Gewohnheit wird davon abgeleitet, wie häufig eine bestimmte Fortbewegungsart wie zum Beispiel das Auto genannt wird.

Der folgende Fragebogen, eine zweite mögliche Option zum Messen von Gewohnheiten, kommt aus dem *Selbstbericht-Gewohnheits-Index* oder im Original: self-report habit index.[43] Probieren Sie es selbst aus! Bitte kreuzen Sie alle Antwortoptionen an, die für Sie persönlich auf das folgende Verhalten zutreffen. **Es gibt keine richtige oder falsche Antwort.** Es geht nur um Ihre persönliche Einschätzung:

Das Verhalten Online-Shopping ist etwas ...

- ☐ was ich häufig mache
- ☐ was oft schon automatisch abläuft
- ☐ was ich mache, ohne mich bewusst daran erinnern zu können
- ☐ was sich komisch anfühlt, wenn ich es nicht mache
- ☐ was ich ausführe, ohne darüber nachzudenken
- ☐ was Anstrengungen benötigen würde, es nicht zu machen
- ☐ was zu meiner (täglichen, wöchentlichen, monatlichen) Routine gehört
- ☐ was ich anfange, bevor ich überhaupt realisiert habe, dass ich es mache
- ☐ was ich hart finden würde, nicht zu tun
- ☐ worüber ich beim Ausführen nicht wirklich nachdenken muss
- ☐ was ich typischerweise mache
- ☐ was ich schon seit längerer Zeit mache

Hier wird untersucht, ob ein Verhalten für eine Person die Charakteristika einer Gewohnheit aufweist: häufige Wiederholung, geringe Kontrolle und Bewusstsein darüber, Effizienz und Ausdruck des eigenen Ichs. Je mehr Antwortoptionen Sie oben zustimmen, desto mehr Charakteristika einer Gewohnheit weist das Verhalten Online-Shopping für Sie auf. Der Vorteil dieses Fragebogens ist, dass Personen nicht von sich aus Verhaltensweisen und deren Häufigkeit aufzählen müssen.

Das dritte Instrument nennt sich *kombinierte Gewohnheitsmessung* oder im Original: compound measure of habits[44] und setzt den Fokus auf das Eruieren der Häufigkeit und der Kontextstabilität eines bestimmten Verhaltens. Konkret wird dafür gemessen, wie häufig ein Verhalten während eines bestimmten Zeitraums von zum Beispiel einem Monat gezeigt wird und wie stabil der Kontext ist, in dem es ausgeführt wird, also zum Beispiel derselbe Ort oder dasselbe Verhalten von anderen Personen. Daraus lässt sich ein Gewohnheitswert ableiten, indem der Wert der Häufigkeit mit dem Wert der Stabilität multipliziert wird. Die Höhe dieses Wertes gibt Aufschluss darüber, wie stark eine Gewohnheit ausgeprägt ist. Häufige Verhaltensweisen in einer stabilen Umgebung erhalten den höchsten Wert, selten gezeigte Handlungen in einer instabilen Umgebung den niedrigsten.

Warum machen wir es nicht einfach?

Kommen wir nun zur alles entscheidenden Frage: **„Warum machen wir es nicht einfach?"** Wie kann ich meine Gewohnheiten nun ändern? Zunächst die schlechte Nachricht: Die Veränderung von Gewohnheiten stellt eine große Herausforderung dar, es ist nicht so einfach – aber es ist machbar.

Selbst etablierte Methoden zur Motivation von Verhaltensänderungen (siehe Kapitel 10) greifen im Fall von Gewohnheiten oft nicht. Das ist beispielsweise der Fall bei dem Ansatz der Informationsvermittlung. Dieser hat das Ziel, durch Informationen über die negativen Auswirkungen des eigenen Lebensstils für die Umwelt eine Verhaltensänderung zu motivieren. Wie jedoch die Ergebnisse der Studie zur Informationssuche über verschiedene Mobilitätsarten aufzeigen, führen starke Gewohnheiten oft dazu, dass Personen neue Informationen gar nicht ausreichend beachten oder entsprechend verarbeiten, und dadurch wird kaum ein Veränderungsprozess angestoßen. Auch der Ansatz, mit sozialen oder persönlichen Normen Veränderungen zu erzeugen, ist herausfordernd, da, wie oben beschrieben, bei starken Gewohnheiten diese an Vorhersagekraft verlieren und stattdessen das vergangene Verhalten aussagekräftiger wird.[45]

Damit ein Verhalten „zurückgesetzt" werden kann und die Person dieses wieder bewusst durch Intentionen steuern kann, müssen zuerst „dagegen arbeitende" Gewohnheiten geschwächt werden.

Zwei Strategien haben sich dafür als erfolgversprechend erwiesen. Die erste setzt bei den theoretischen Eigenschaften einer Gewohnheit an und macht sich diese zunutze. Ganz einfach gesagt: Das Vorhandensein eines Hinweisreizes löst ein Gewohnheitsverhalten aus (ich erinnere an die Aufzugstür im Fall von Peter oder die Steckerdose im Fall von Melisa). Entfernt man nun diesen Hinweisreiz, sollte auch das damit verbundene Verhalten nicht mehr auftreten (was bei einer Lifttür etwas schwierig wird). Sie sehen: Was in der Theorie so einfach klingt, erweist sich in der Praxis oft als ganz schön herausfordernd. Beispielsweise zeigte das Hinzufügen eines neuen Hinweisreizes in Form eines Gratis-Monatstickets für den Bus im Rahmen einer Studie den gewünschten Effekt und führte zu einer höheren Nutzung von öffentlichen Verkehrsmitteln – jedoch nur während des einen geförderten Monats.[46] Fiel der neue Hinweisreiz (das Gratisticket) weg, kehrten die Personen wieder zu ihren alten Gewohnheiten zurück und wählten primär das Auto für das Zurücklegen ihrer alltäglichen Wege. Eine weitere Studie, die den dahinterliegenden Prozess genauer untersuchte, zeigte ein differenzierteres Bild: Die Aktion des Gratistickets war langfristig erfolgreich, wenn die Personen während der Testphase ihre Busfahrgewohnheiten stärken konnten.[47] Der neue Hinweisreiz in Form des Tickets reduzierte die Anfangsbarriere, öffentliche Verkehrsmittel für das Mobilitätsverhalten in Betracht zu ziehen. Erleben Personen die Nutzung dann auch tatsächlich als positiv, da man zum Beispiel Zeit zum Lesen hat, Gedanken schweifen lassen kann und nicht im Stau steht, bietet dies den guten Nährboden dafür, eine umweltfreundliche Gewohnheit zu etablieren.

Neben der künstlichen Änderung von Hinweisreizen wurde auch der Einfluss von natürlichen Veränderungen untersucht. Dies geschieht meist, wenn sich die Umgebung zumindest teilweise verändert, wie bei einem Wohnortwechsel oder einer neuen Arbeitsstelle. Ein weiteres Beispiel einer natürlichen Veränderung ist auch die Geburt eines Kindes oder der Start in die Pension. Diese natürlichen Veränderungsprozesse bieten ein Zeitfenster, in dem Gewohnheiten leichter als sonst geändert werden können.[48] Das Etablieren von energiesparenden Verhaltensweisen im Haushalt ist also einfacher, wenn Personen neu in ihrer Wohnung sind, als wenn sie schon mehrere Jahre darin leben.

Eine weitere Möglichkeit ist das bewusste Formen von Umsetzungsintentionen.[49] Dafür führen sich Personen die genaue Situation, in der eine Gewohnheit normalerweise auftritt, vor Augen. Wichtig ist es hier, den Ablauf der Handlung ganz genau zu visualisieren, um alle möglichen Hinweisreize, die das Verhalten auslösen, aufzudecken. In einem nächsten Schritt werden die Hinweisreize mental mit neuen Verhaltensweisen verknüpft. Ein einfaches Beispiel dafür: Immer, wenn ich Lebensmittel benötige, gehe ich in den Vorraum meiner Wohnung. Dort ziehe ich mir meine Schuhe an und greife zu der Einkaufsliste, die dort auf dem Regal liegt. Zukünftig werde ich im Moment, in dem ich nach der Liste greife, auch gleichzeitig daran denken: „Bringe deine eigene Tragetasche mit!" Falls ich trotz dieses Vorhabens immer noch darauf vergesse, hilft zum Beispiel ein kleines Post-it mit der Erinnerung „Tasche", welches ebenfalls auf das Regal geklebt wird.

Gewohnheiten sind eine Riesenherausforderung, die Lage ist aber nicht aussichtslos. Um dem Umweltschweinehund ein Schnippchen zu schlagen, stehen uns doch Möglichkeiten zur Verfügung. Entweder durch das Hinzufügen von neuen Hinweisreizen, die das Auftreten des gewünschten Verhaltens stärken. Dies kann zum Beispiel der Kauf einer Öffi-Jahreskarte sein, die einem im Alltag daran erinnert, dass man ja eigentlich die Intention hatte, das Mobilitätsverhalten zu ändern (bis die Gewohnheit wieder mal dazwischengekommen ist). Oder man macht sich in Phasen natürlicher Veränderungen wie einem Wohnortwechsel bewusst, dass nun eine optimale Gelegenheit wäre, die vielleicht schon etwas verstaubten Intentionen auszugraben und doch anzugehen. Dies muss natürlich nicht während des Umzugsstresses sein. Seien wir ehrlich, in solchen Phasen weiß man oft selbst nicht, wo einem der Kopf steht. Aber dann, wenn die letzten Kisten verstaut sind und man es sich bereits wohnlich gemacht hat, könnte man ja versuchen, dem Umweltschweinehund endlich die Stirn zu bieten.

Nachdem Menschen im Regelfall ja nicht mehrmals im Jahr umziehen, wird sich wohl eher die Strategie der Umsetzungsintention anbieten. Welche klimaschädigende Gewohnheit möchten Sie hin zu einer zukunftsfreundlichen ändern? Lassen Sie die alte Gewohnheit vor Ihrem inneren Auge ablaufen – wo findet sie normalerweise statt? Wann? Sind Sie allein oder in Gesellschaft anderer? Gibt es einen Hinweisreiz, der dazu führt, dass das Verhalten fast schon automatisch abläuft? Besteht in dieser Situation die Möglichkeit, einen neuen Hinweisreiz zu ergänzen, der Sie hin in die gewünschte, klimafreundliche Richtung stupst? Denken Sie an das Post-it aus dem Beispiel mit dem Einkaufen und der wiederverwendbaren Tragetasche. Probieren Sie es aus und entdecken Sie, welcher Ansatz Ihnen mehr entspricht.

Bisher wurden in jedem Abschnitt einzelne Faktoren beleuchtet, um das Auftreten eines klimafreundlichen Lebensstils besser zu verstehen. Doch wir Menschen sind komplexe Wesen. Darum ist unser Verhalten in den meisten Fällen ein Zusammenspiel aus verschiedenen Faktoren. Dieser Aspekt findet in der Umweltpsychologie Berücksichtigung, indem versucht wird, Modelle bestehend aus mehreren Faktoren für die Vorhersage von umweltfreundlichem Verhalten zu erstellen. Eine Auswahl davon finden Sie im nächsten Kapitel.

Modelle für umweltfreundliches Verhalten: Welche Faktoren müssen zusammenspielen?

Was bewegt Sie dazu, tagtäglich einen möglichst klimafreundlichen Lebensstil zu führen? Was sind Stolpersteine am Weg dorthin? Die Antworten dafür werden individuell und sehr vielfältig sein. Es gibt scheinbar unüberwindbare Barrieren, die Sie klar wahrnehmen. Dazu kommen noch Faktoren, über deren Einfluss Sie sich gar nicht bewusst sind.

In der Umweltpsychologie wurde eine Reihe von Modellen aufgestellt, die versuchen, die Bedingungen, unter denen wir umwelt- und klimafreundliches Verhalten tatsächlich zeigen, zu verstehen. Es lassen sich jedoch unmöglich alle potenziellen Einflussfaktoren in einem einzigen Modell vereinen, da dies den Komplexitätsrahmen sprengen würde. Deshalb möchte ich Ihnen in der Folge verschiedene Erklärungsversuche vorstellen.

Die Theorie des geplanten Verhaltens

Das erste Modell kann man mit Recht als Klassiker der Vorhersage von bewussten Verhaltensweisen bezeichnen: die **Theorie des geplanten Verhaltens**[50] geht davon aus, dass Personen durch das Abwägen verschiedener Gründe eine für sie logische Entscheidung für das Ausführen von einem bestimmten Verhalten treffen. Aus dieser Entscheidung formt sich eine Intention, das Verhalten zu zeigen, und diese resultiert schlussendlich in das Ausführen des Verhaltens. Je stärker die Intention, desto mehr Anstrengungen unternimmt eine Person, das Verhalten auch tatsächlich zeigen zu können. Je mehr Sie etwas wollen, umso größer ist die Chance, ins Handeln zu kommen.

Die Stärke dieser Intention ist von drei Faktoren abhängig: von der *Einstellung*, der *subjektiven Norm* und der *wahrgenommenen Verhaltenskontrolle*. Spielen wir das Ganze am Beispiel von Ivo durch. Ivo überlegt, ob er das Auto für den Weg zur Arbeit nehmen soll: Unter dem Faktor Einstellung ist gemeint, ob das Verhalten generell als positiv oder negativ eingeschätzt wird. Ivo sind zwar die negativen Folgen durch die Autonutzung bewusst, jedoch zählen diese Argumente für ihn weniger stark als die Einstellung, dass Autos schnell, angenehm und verlässlich sind sowie außerdem eine Menge Fahrspaß bringen. Diese Argumente überwiegen für ihn, weshalb er im Großen und Ganzen eine positive Einstellung zum Autofahren hat.

Unter der **subjektiven Norm** versteht man das Ausmaß, von dem eine Person meint, dass ihr Umfeld das jeweilige Verhalten gut findet oder missbilligt. Die Referenzgruppe muss hier für das Individuum auch wichtig sein. Da Ivo noch keine Kritik von seinen Arbeitskolleginnen und -kollegen zu seiner Autonutzung vernommen hat, geht er davon aus, dass sie es gutheißen. Findet vor seinem Arbeitsgebäude ein Pro-Rad-Protest statt und er identifiziert sich aber nicht mit den Teilnehmenden, wird dies seine wahrgenommene subjektive Norm kaum beeinflussen.

Die wahrgenommene Verhaltenskontrolle beschreibt die Möglichkeit, ein spezifisches Verhalten überhaupt ausführen zu können. Ivo sieht für sich keine Möglichkeit, mit einem öffentlichen

Verkehrsmittel zur Arbeit zu gelangen, da er in einem kleinen Ort am Land ohne Verkehrsanbindung wohnt. Wichtig ist hier zu ergänzen, dass es sich jedoch um eine *wahrgenommene* Möglichkeit handelt – die nicht immer mit den tatsächlichen Möglichkeiten übereinstimmen müssen. Ivo könnte auch in der Stadt mit einer Straßenbahnhaltestelle vor seiner Tür wohnen, wo die passende Linie hält, die ihn direkt zu seiner Arbeit bringt, und trotzdem das Gefühl haben, dass er nicht die Möglichkeit hat, die Öffis für seinen Arbeitsweg zu nutzen – weil dieses Verkehrsmittel zu langsam ist, nicht zu der für ihn passenden Uhrzeit fährt oder in der Früh zu überfüllt ist, was ihm unangenehm ist. Die wahrgenommene Verhaltenskontrolle beeinflusst die Intention, aber als einzige der drei Variablen auch das tatsächliche Verhalten direkt.

Laut dem Modell spielen auch verschiedene Persönlichkeitseigenschaften, wie die individuellen Werteistellungen, eine Rolle. Diese spiegeln sich jedoch im Faktor Einstellung wider. Das Modell hat sich in der umweltpsychologischen Forschung als sinnvoll erwiesen, um *bewusste* Umweltentscheidungen zu erklären.

Norm-Aktivierungsmodell (NAM)

Bei diesem Modell steht die **persönliche Norm** im Mittelpunkt.[51] Darunter versteht man die moralische Verpflichtung, die eine Person empfindet, ein gewisses Verhalten zu zeigen oder eben nicht zu zeigen. Dieses Gefühl muss nicht im Einklang mit der tatsächlichen Gesetzeslage stehen. So ist es beispielsweise gesetzlich nicht verboten, mit einem Flugzeug zur Urlaubsdestination zu gelangen, aber eine Person kann dies trotzdem persönlich als verwerflich einstufen. Laut dem NAM entsteht ein umweltfreundliches Verhalten durch die Aktivierung einer persönlichen Norm.

Es gibt vier Bereiche, die diese Aktivierung beeinflussen:

1. **Problembewusstsein:** Sind der Person die negativen Konsequenzen des umweltschädigenden Verhaltens bewusst?
2. **Verantwortungszuschreibung:** Fühlt sich die Person für die negativen Konsequenzen des umweltschädigenden Verhaltens verantwortlich?
3. **Handlungswirksamkeit:** Weiß die Person über Handlungen Bescheid, die Umweltprobleme reduzieren?
4. **Selbstwirksamkeit:** Sieht die Person bei sich selbst die Fähigkeit, durch eigene Handlungen den umweltschädigenden Einfluss zu reduzieren?

Bei der Erklärung dieses Modells unterstützt uns noch einmal Ivo. Ivo wird mit öffentlichen Verkehrsmitteln oder dem Rad zur Arbeit fahren, wenn er sich der negativen Konsequenzen der Autonutzung bewusst ist (= Problembewusstsein); die Verantwortung nicht auf andere („Die fahren ja viel mehr als ich"), Industrie („Lkw stoßen viel mehr CO_2 aus!") oder die Politik („Was soll ich als Einzelperson schon machen? Die Politik muss endlich handeln") abwälzt, sondern sich ganz nach dem Motto „Du bist der Stau" eingesteht, dass er mit seinem Verhalten zur Vergrößerung des Problems beiträgt (= Verantwortungszuschreibung); er weiß, dass der fossil betriebene Individualverkehr ein großer Treiber des Klimawandels ist und eine Wahl von alternativen Transportmitteln die schädigende Wirkung reduziert (= Handlungswirksamkeit); er erkennt an, dass er dadurch, dass er den Bus für seinen Arbeitsweg bevorzugt, auch zur Reduktion des Problems beiträgt (= Selbstwirksamkeit).

Das NAM kam bisher für die Erklärung und Vorhersage einer Reihe von umweltfreundlichen bzw. -schädigenden Verhaltensweisen zum Einsatz: unter anderem in den Bereichen Energieverbrauch,

Abfallreduktion, Recycling-Verhalten, Mobilitätsverhalten und Tourismus. Jedoch stammt der Großteil dieser Forschungsergebnisse aus sogenannten WEIRD-Regionen, also westliche, gebildete (= educated), industrialisierte, reiche und demokratische Staaten. Machen wir zur Verdeutlichung an dieser Stelle einen Sprung nach Westafrika.

Meine ehemalige Masterstudentin und heutige Doktorandin Laura Farage hat sich die Aufgabe gestellt, die Datenlage um Länder aus dieser Region zu erweitern – konkret um Gambia. Gambia ist ein kleines Land in Westafrika mit ca. zwei Millionen BewohnerInnen. Aus Sicht der Umweltpsychologie ist es sehr interessant, da dort auf politischer Ebene bereits verschiedene Umweltschutzmaßnahmen eingeführt wurden. Unter dem Motto „operation clean the nation" wurde ab 2004 am letzten Samstag im Monat das öffentliche Leben eingeschränkt und die Bevölkerung dazu aufgerufen, gemeinsam öffentliche Plätze, Straßen und Wohngebiete von herumliegendem Müll zu befreien. Außerdem wurde 2007 ein strenges Anti-Littering Gesetz erlassen, welches mit überaus hohen Strafen droht, wenn Müll achtlos in der Umgebung entsorgt wird. 2015 trat ein generelles Verbot von Plastiksackerln in Kraft.

Auch wenn es entsprechende gesetzliche Rahmenbedingungen gibt, stellt die Müllverschmutzung (= Littering) in Straßen und auf öffentlichen Plätzen immer noch ein weitverbreitetes Problem dar. Neben dem fehlenden Abfallmanagement hat sich das Littering-Verhalten in der Bevölkerung auch als „normal" eingeschlichen. Laura wollte mit Hilfe des NAM die dahinterliegenden psychologischen Variablen für das Auftreten des Littering-Verhaltens untersuchen. Konkret im Rahmen einer Feldstudie vor Ort. Zum Glück war das im Herbst 2019, kurz bevor die Corona-Pandemie die gesamte Welt im Griff hatte. Wie sah die Untersuchung aus? Laura stellte sich an zwei belebte Orte und bat die vorbeigehenden Personen, an einer Süßigkeiten-Verkostung teilzunehmen. Wie Sie mittlerweile wissen, liebe Leserinnen und Leser, machen die Forschenden die Frage, die sie eigentlich interessiert, nicht immer gleich publik. Der Grund dafür ist, den Effekt der sozialen Erwünschtheit, also dass Personen so handeln, wie sie annehmen, dass von ihnen gewünscht ist, zu vermeiden. Stattdessen wird oft mit einem Vorwand, in der Forschung auch „coverstory" genannt, gearbeitet. Die Teilnehmenden wurden zwar zu ihrer Meinung hinsichtlich der süßen Köstlichkeit gefragt, viel mehr stand aber im Interesse von Laura, was sie mit dem übrig gebliebenen Zuckerlpapier machten. Wird es achtlos auf den Boden geworfen oder eingesteckt bzw. in einem Mülleimer entsorgt? Scheinbar zufällig rutschte unter die Fragen zu den Süßigkeiten („Schmeckt es dir?", „Findest du es zu süß?") auch die Zustimmung zu ausgewählten Dimensionen des NAM: Problembewusstsein (z. B. „Littering ist ein Problem in Gambia"), Verantwortungszuschreibung (z. B. „Mein Verhalten trägt zum verschmutzten Erscheinungsbild meines Landes bei"), persönliche Norm (z. B. „Ich verspüre die persönliche Verpflichtung, öffentliche Plätze sauber zu halten") und Verhaltensintention (z. B. „Ich vermeide Littering, selbst wenn kein Mülleimer in der Gegend ist").

Laura konnte mit ihrer Studie die postulierten Zusammenhänge des Modells auch in Gambia finden. Am interessantesten ist folgendes Ergebnis: Die befragten Personen besaßen tatsächlich ein hohes Problembewusstsein für die negative Auswirkung achtlos weggeworfenen Mülls. Jedoch hatte dieses Bewusstsein keine Vorhersagekraft für das Auftreten des tatsächlichen Littering-Verhaltens bzw. der Verhaltensintention. Wirft man einen Blick auf die Kampagnen der Regierung vor Ort, zeigt sich, dass hier jedoch primär auf die Strategie der Bewusstseinsbildung gesetzt wird. Die Ergebnisse geben einen ersten Hinweis darauf, dass dieser Ansatz vermutlich die gewünschte Wirkung verfehlt und nichts am tatsächlichen Littering-Verhalten ändert. Interessante und wichtige Erkenntnisse mit praktischen Implikationen für den Umweltschutz! Fand auch *das* renommierteste Journal der Umweltpsychologie („Journal of Environmental Psychology"), das unser Manuskript zur Veröffentlichung akzeptiert hat![52] Ich erinnere an den Abschnitt zum Publikationsvorgang in Kapitel 4. Und ja – auch dieses Mal gab es einen Freudentanz!

Werte-Überzeugungs-Theorie

Das dritte und letzte Modell, das ich in diesem Buch vorstellen möchte, ist die Werte-Überzeugungs-Theorie[53] (value-belief-theory – kurz: VBN). Diese stellt eine Erweiterung des NAM dar, da es einen weiteren Schritt vorab ergänzt. Es besagt, dass die situationsabhängigen Faktoren wie zum Beispiel Problembewusstsein von den individuellen Werteinstellungen einer Person (mehr dazu in Kapitel 6) und dem Konstrukt der „ökologischen Weltanschauung" abhängig sind. Mehr dazu auf der nächsten Seite.

Werte

Biosphärisch Altruistisch Egoistisch

Überzeugungen

**Ökologische
Weltanschauung (NEP)**

**Bewusstsein über
Konsequenzen**

Verantwortungszuschreibung

Umweltfreundliche persönliche Normen

**Wahrgenommene
Verpflichtung,
umweltfreundlich
zu handeln**

Verhalten

Aktivismus

**Verhalten
im Privaten**

**Nicht-aktivistisches
Verhalten in der Öffent-
lichkeit (z. B. Akzeptanz
von Umweltgesetzen)**

**Verhalten
am
Arbeitsplatz**

Konkret geht das Modell von folgendem Zusammenhang aus: Die Ausprägung der altruistischen, biosphärischen und egoistischen Werte eines Individuums haben Einfluss darauf, wie stark bei einer Person die ökologische Weltanschauung (in der Fachsprache: Ecological Worldview, kurz: NEP[54]) ausgeprägt ist. Unter dem NEP versteht man das Ausmaß, in dem Personen eine Beziehung zwischen Menschen und Natur sehen. Personen mit einer starken Ausprägung von Umwelt- oder altruistischen Werten haben auch eher ein höheres Ausmaß an ökologischer Haltung, Personen mit einer starken Ausprägung von egoistischen Werten hingegen haben eher ein niedriges Ausmaß.

Die Höhe der ökologischen Weltanschauung wiederum beeinflusst die Stärke des Problembewusstseins für die negativen Folgen des menschlichen Einflusses auf die Natur.

Ein hohes Problembewusstsein führt wiederum zu einer höheren Verantwortungszuschreibung für die negativen Konsequenzen und dieses beeinflusst die persönliche Norm und das Umweltverhalten.

Die umweltfreundlichen Verhaltensweisen werden beim VBN unterteilt in: Aktivismus (z. B. Teilnahme an einem Klimastreik), nicht-aktivistisches öffentliches Verhalten (z. B. Unterschreiben eines Klimavolksbegehrens), Verhalten im privaten Bereich (z. B. nachhaltiger Konsum; großteils pflanzenbasierte Ernährung) und Verhalten im beruflichen Bereich (z. B. Gestaltung eines ansprechenden Mülltrennsystems).

Vielleicht drängt sich jetzt die Frage auf – welches Modell ist nun das beste? Das lässt sich nicht eindeutig beantworten. Das NAM und das VBN lassen sich gut anwenden, um Umweltverhalten mit einem geringen Aufwand vorherzusagen.[55] Für umweltfreundliche

Verhaltensweisen, die einen hohen Aufwand bedeuten, hat sich hingegen die Theorie des geplanten Verhaltens als passend erwiesen.[56] Die Auszeichnung der „besten Theorie" hängt also maßgeblich von dem Zielverhalten ab. Eine große Herausforderung aus Sicht der Forschung stellt außerdem dar, dass bis dato ein systematischer Vergleich noch nicht durchgeführt wurde. Darum kann man festhalten, dass alle Modelle ihre Berechtigung haben und es wie so oft von der spezifischen Situation abhängt.

... aber was ist mit den Gefühlen?

Nun habe ich Ihnen eine kleine Auswahl an Modellen vorgestellt, die sich damit beschäftigen, umweltfreundliches Verhalten zu erklären. Fällt Ihnen etwas auf? Die postulierten Zusammenhänge werden aus einem sehr rationalen Blickwinkel betrachtet. Klar, warum auch nicht? Wenn wir bisher eines gelernt haben, dann das, dass wir Menschen absolut rationale Wesen sind, die ihre Entscheidungen logisch nach dem Abwägen aller Faktoren treffen. Darum bewegt uns auch eher das finanzielle Sparpotenzial eines geringeren Energieverbrauchs im Haushalt zu einer Verhaltensänderung und nicht etwa der Vergleich mit der Nachbarschaft ...

Die Psychologie zeigt, dass wir vom Homo oeconomicus, der rein rationale Entscheidungen trifft, so weit entfernt sind wie Kohle davon, eine „saubere" umweltfreundliche Energieform zu sein. Darum möchte ich hier noch genauer auf die Rolle unserer Gefühle im Zusammenhang mit einem zukunftsfreundlichen Lebensstil eingehen.

Bitte legen Sie das Buch kurz weg und schauen Sie sich um, gerne auch mit Ihrem inneren Auge, falls Sie nicht zuhause sind. Sie werden eine Reihe von Dinge erblicken, die Ihnen gehören. Vielleicht einen Esstisch, Stühle, eine Couch, Regale, diverse Elektrogeräte wie eine Musikanlage oder einen Fernseher, Bilder und andere Wanddekorationen und Pflanzen. Ich vermute auch, dass Ihr Kleiderkasten mehr Stücke beinhaltet, als Sie tatsächlich benötigen würden, um täglich angezogen zu sein, während der Rest noch im Wäschekorb auf eine Reinigung wartet (nicht ausgehend von der Annahme, dass Sie einmal jährlich waschen). Ein ähnliches Bild zeichnet sich vermutlich im Schuhschrank ab. Wir besitzen im Durchschnitt eine Vielfalt an Dingen, die normalerweise über das Maß an „Lebensnotwendigkeit" hinausgehen. Warum ist das so? Denken Sie bitte an eines Ihrer Lieblingsdinge und überlegen Sie sich, warum Sie zum Beispiel ein Auto, das neueste Elektrogerät oder meinetwegen auch die fünfte Hose im Schrank besitzen.

Welche Gründe haben Sie? Würden Sie diese eher als rational oder emotional kategorisieren?

Ich besitze, also bin ich oder: symbolische Gründe

Fragt man Personen, weshalb sie ein Auto besitzen, werden dafür meist instrumentelle Gründe angegeben. Darunter versteht man logische Argumente, also der rein nützliche Aspekt von Dingen. Im Sinne von: *Ich benötige mein Auto, um von meiner Wohnung in die Arbeit zu kommen.* Diesem Aspekt wird bei bewusstem Darüber-Nachdenken auch der höchste Stellenwert beigemessen. Sieht man sich den großen Umfang unserer Besitztümer an, ist jedoch klar: Es gibt durchaus noch weitere Gründe als rein rationale.

Diese sind zum einen die symbolischen Motive[57], also das Ausmaß, durch das ich mein Selbst z. B. mit meinem spezifischen Auto oder einem bestimmten Kleidungsstück ausdrücke. Somit sind die Dinge, die wir kaufen und besitzen, zugleich häufig ein Ausdruck der eigenen Persönlichkeit. Wichtig dabei: Jeder

Mensch hat nicht nur eine, sondern unterschiedliche Identitäten. Diese legt man zwar nie zur Gänze ab, dennoch ist je nach Situation meist eine stärker aktiviert. Wenn ich an der Uni meine Vorlesungen halte, ist bei mir die Identität der Forscherin und Lehrenden präsenter als die der Sportlerin. Bin ich beim Sport, rückt diese Identität jedoch in den Vordergrund. Bei einem Restaurantbesuch mit Freundinnen ist die Identität als Freundin aktiv und wenn ich Zeit mit meiner Familie verbringe, die Identität als Ehefrau und Mutter. Dies spiegelt sich beispielsweise auch in meiner Kleiderauswahl wider. Wäre diese allein von dem instrumentellen Grund „nicht frieren" angetrieben, würde ich in jeder Situation das Gleiche tragen. Da aber auch symbolische Faktoren eine Rolle spielen, unterscheidet sie sich. So greife ich im beruflichen Kontext gerne mal zum Blazer, während hingegen im privaten Kontext beim Entspannen gerne mal eine gemütliche Jogginghose stärker vertreten ist (abgesehen natürlich von der Corona-Homeoffice-Jogginghosen-Zeit).

Wir bringen durch unseren materiellen Besitz auch unser Selbst zum Ausdruck und ziehen von den Besitztümern anderer Personen häufig (nicht immer richtige) Rückschlüsse auf deren Persönlichkeit. Sehen wir auf einem Parkplatz einen Sportwagen, einen SUV und ein Elektroauto, werden wir uns die dazugehörigen BesitzerInnen unterschiedlich ausmalen. Genauso wie es klischeehafte Vorstellungen von Apple- versus Android-UserInnen gibt. Wie gesagt, diese Rückschlüsse sind stark von Stereotypen beeinflusst und darum fehlerbehaftet. Es lohnt sich, bei Zuschreibungen vorsichtig zu bleiben.

Das Bild, das man von sich selbst hat, kann unter Umständen eine große Barriere für den Start in einen umweltfreundlichen Lebensstil darstellen. So zeigt sich, dass Menschen, die sich stark über ihr Auto oder als Autofahrende definieren, auch eine geringe Bereitschaft für eine Reduktion der Nutzung aufbringen. Da dies als Gegensatz von dem wahrgenommen wird, wer sie sind und was sie ausmacht.[58]

Daneben spielen Statusüberlegungen eine erhebliche Rolle. Das Ausmaß, in dem Personen davon ausgehen, durch den Besitz und die Nutzung des „richtigen" Produktes Status zu erlangen, kann ein starker Motivator sein. Je nachdem, was für die Gruppe, der ich mich zugehörig fühle, wichtig ist, kann die Art des Produktes variieren. Das perfekte Beispiel dafür ist die Turnschuhmarke des amerikanischen Rappers Kanye West. Um den mehrere hundert Euro teuren Schuh überhaupt kaufen zu können, muss man bei einer Verlosung mitmachen. Nur wenn man gezogen wird, kann man den Artikel tatsächlich erwerben. Vermutlich steht bei den EigentümerInnen nicht die Funktionalität im Vordergrund („Ich trage Schuhe, damit ich keine kalten Füße bekomme und mich nicht an Steinen verletze"), sondern Statusüberlegungen. Dieses Prinzip findet sich in vielen Bereichen wieder – Markenklamotten, Luxushandtaschen, bestimmte Automarken oder Elektrogeräte, um nur eine kleine Auswahl zu geben.

Obwohl Statusüberlegungen und Materialismus oft diametral gegen Umweltüberlegungen stehen, können sie sich dennoch positiv auswirken. So geschehen bei einer Studie unter Studierenden in den USA.[59] Wurde der Statusaspekt eines „grünen Produktes" im Vergleich zu einem konventionellen betont, fiel die Wahl häufiger darauf. Dies traf besonders zu, wenn die Auswahl öffentlich getroffen wurde und das grüne Produkt teurer war.

Emotionale Gründe: Wie ich mich danach fühle

Neben den instrumentellen und den symbolischen Motivatoren hat noch ein dritter Aspekt Einfluss darauf, welche Dinge wir kaufen und nutzen: unsere Emotionen.[60] Sei es das Gefühl von Freiheit, wenn man ins Auto steigt, oder der Anflug von Freude, der uns erfasst, wenn wir unser Lieblingskleidungsstück tragen. Die Emotionen, die ich mir von der Nutzung erwarte, also ob ich mich zum Beispiel gut oder schuldig fühle, können Motivator, aber zugleich auch Barriere für einen zukunftsfreundlichen Lebensstil sein.

Eine Studie in Norwegen zeigte, dass die emotionale Einschätzung von Recyclingverhalten eine stärkere Vorhersagekraft für die Ausführung von diesem hatte als instrumentelle Überlegungen.[61] Studien deuten auch darauf hin, dass Emotionen eine große Triebkraft haben, wenn Personen noch keine starken Einstellungen gegenüber einem spezifischen Verhalten gebildet haben.[62] Außerdem integrieren Personen umweltfreundliche Handlungen auch dann eher in ihren Alltag, wenn sie sich davon Vergnügen erwarten.[63]

Kommen wir noch einmal zurück zu der Studie über die Autonutzung zu Beginn dieses Abschnitts. Explizit danach gefragt, gaben Personen hauptsächlich logische Argumente an. Nutzt man aber eher indirekte Messinstrumente und stößt Personen nicht direkt darauf, zeigt sich: Symbolische und emotionale Gründe sind stärkere Prädiktoren für die Autonutzung als instrumentelle. Ein Bild, das sich auch in Autowerbungen widerspiegelt, bei denen meist das Fahrvergnügen und nicht die technischen Details im Vordergrund stehen.

Hier drängt sich jetzt die Frage auf: **Wie kann man umweltfreundliches Verhalten angenehmer und freudvoller als umweltschädigendes Tun gestalten?** Die Forschung hat in diesem Bereich noch ein riesiges Feld zu beackern, es gibt aber bereits ein paar Beispiele: Treppenabsätze wurden mit Pianotasten-Aufklebern versehen und gaben bei Betreten einen Ton von sich.[64] Dies führte tatsächlich zu einer Zunahme der Stiegennutzung im Vergleich zu Rolltreppen. Gab der Abfalleimer bei Befüllen einen Ton von sich[65], wurde der Müll mit mehr Freude darin versenkt – anstatt diesen in der Natur zu entsorgen. Wie sinnvoll doch spielerische Varianten sein können. Konnte man mit seiner Zigarettenkippe über eine Frage abstimmen, landeten diese eher im Abfalleimer als auf der Straße.[66] Schafft man es also, den Status und die positiven Emotionen, die mit einem umweltfreundlichen Lebensstil einhergehen, zu erhöhen, werden vermutlich mehr Menschen ihr Verhalten ändern.

Apropos Verhalten ändern ... **Jetzt geht's ans Eingemachte!** Die Frage, die uns alle brennend interessiert, wird nachfolgend gestellt und beantwortet: Was braucht es, damit wir es doch einfach machen? Anders ausgedrückt: Welche Strategien hat die Umweltpsychologie nun konkret parat, um die Aufnahme eines klimafreundlichen Lebensstils zu initiieren?

Verändern: Was braucht es, dass wir es doch einfach machen?

KAPITEL 10

Motivation zur Verhaltensänderung

I get a kick out of you ...

Denken Sie bitte mal an eine Verhaltensweise oder an eine Gewohnheit, die Sie eigentlich schon lange ändern wollten. Vielleicht war sie auch schon Gegenstand des einen oder anderen Neujahrsvorsatzes, hat es aber dann im Alltag wieder nicht geschafft, umgesetzt zu werden.

Bei Lara ist es der Vorsatz, tagsüber weniger Schokolade zu essen, da sie sich über die negativen Auswirkungen auf ihre Gesundheit bewusst ist. Trotzdem findet fast wie nebenbei die leckere Köstlichkeit den Weg in Laras Sichtfeld und von dort auch sofort in den Mund. Warum? Menschen erwarten sich durch das Ausführen eines spezifischen Verhaltens das Eintreten von positiven oder das Ausbleiben von negativen Konsequenzen. Führen Handlungen tatsächlich zu diesem erwarteten Resultat, ist dies ein Antrieb, sie zu wiederholen. Bei Lara zum Beispiel ist es die Erwartung des positiven Gefühls, die sie durch den Biss in ein Schokoladenstück erhält. Der Tag kann noch so anstrengend sein, der Genuss von Schokolade hilft ihr, diesem zu entkommen – kurz, aber doch. Da sie meist zu ihrer Lieblingsmarke greift, die sie auch schon als kleines Mädchen bevorzugt hat, ist diese Handlung gepaart mit Kindheitserinnerungen und dem Gefühl von Leichtigkeit und Sorglosigkeit – kurz gesagt ein kleines Stück absolutes Glück, bei dem die positiven Konsequenzen unmittelbar erlebbar sind und die negativen in scheinbar weite Ferne rücken. Wie könnte Lara diese lieb gewonnene Gewohnheit verändern?

Diese Situation spiegelt die Herausforderung wider, die die Motivation von Verhaltensänderungen mit sich bringt. Konsequenzen, die unmittelbar erlebbar sind, steuern unser Verhalten stärker als solche, die mit einer gewissen Unsicherheit in der Zukunft auftreten. Dies trifft auf Lara zu, bei der im unmittelbaren Moment des Schokoladengenusses die positiven Folgen in Form eines Glücksgefühls präsenter sind als zukünftig negative in Form von möglichen Krankheiten durch den Zuckerkonsum oder Übergewicht. Dasselbe gilt aber auch für den Wechsel zu einem nachhaltigeren Lebensstil. Ein Biss ins Schnitzel bringt für viele Genuss und die oft negativen Auswirkungen für das Tierwohl rücken in weite Ferne, wir vergessen in diesem Augenblick, dass es sich bei einem Schnitzel mal um ein lebendes und fühlendes Tier gehandelt hat, in erster Linie zählen der Genuss und das Schmecken; bei der Nutzung des Autos für kurze Strecken überwiegen subjektiv die positiven Gefühle, da es bequemer ist, und die Tatsache, dass der motorisierte Individualverkehr einer der Haupttreiber des Klimawandels ist, spielt nicht mehr wirklich eine Rolle; oder ein neues Kleidungsstück vom konventionellen Bekleidungsladen bringt anerkennende Kommentare im Bekanntenkreis und einen kurzen Glücksrausch, das damit verbundene Leid der Näherinnen und die Belastung für die Umwelt durch den Einsatz von giftigen Chemikalien im Herstellungsprozess scheinen plötzlich nebensächlich.

Die negative Seite einer Handlung ist in vielen Fällen schwer greifbar und nicht direkt im Alltag oder während des Konsums zu spüren. Die positiven Erlebnisse hingegen stellen sich oft unmittelbar ein.

Darum ist ein Ansatz in der Umweltpsychologie, an genau diesen Konsequenzen anzusetzen. **Verhaltenskonsequenzen wirken dann am stärksten, wenn sie möglichst unmittelbar und konkret eintreten.**[67] Häufig ist das der Fall bei den sogenannten natürlichen Konsequenzen, bei denen eine Person von sich aus ohne externe Einflüsse positiven Anreiz durch ein Verhalten erlebt. Das gilt sowohl für das Verhalten, das man eigentlich ändern möchte, wie das positive Glücksgefühl nach dem Biss in die Schokolade. Aber auch, wenn man es doch geschafft hat, das gewünschte Verhalten zu zeigen: Zum Beispiel das zufriedenstellende Gefühl, nachdem man sich doch noch zu einer Runde Sport aufraffen konnte, oder die Freude, die man empfindet, wenn einem beim täglichen Arbeitsweg mit dem Rad der Fahrtwind durchs Haar bläst und man das schöne Gefühl hat, sich bewegt zu haben.

Genau hier liegt die Herausforderung für einen klimafreundlichen Lebensstil. Denn gerade, wenn man eine Handlung die ersten Male ausführt, erfährt man häufig nicht immer solche unmittelbaren natürlichen Anreize. Das Tragen des Altglases zum Recyclingcontainer über mehrere Blocks, das Runterdrehen des Thermostats, um die Haushaltsenergie zu reduzieren, oder die oft langwierige Suche nach Secondhand-Alternativen, wenn ein neues Kleidungsstück oft nur einen Klick entfernt ist, lösen im Normalfall anfänglich keine Begeisterungsstürme aus. Die Herausforderung daran: Meist sind in solchen Fällen die natürlichen Anreize für das umweltschädigende Verhalten höher als die für den umweltfreundlichen Konterpart, weshalb es oft attraktiver und einfacher erscheint, in gewohnten

Mustern zu verharren. Das können wir verändern, indem zusätzliche externe Anreize ergänzt werden. Konkret durch Interventionen, bei denen umweltfreundliches Verhalten durch den Einsatz von externen Belohnungen und Anreizen gefördert und umweltschädigendes durch Abschreckung oder Strafen reduziert wird. Besonders sinnvoll ist das, wenn Personen eigentlich über die negativen Auswirkungen ihrer Handlungen Bescheid wissen, jedoch aufgrund der fehlenden positiven Anreize nicht ausreichend Motivation aufbringen können, es zu unterlassen.[68] Denken Sie zum Beispiel an das in Österreich im Herbst 2021 eingeführte Klimaticket, welches für alle öffentlichen Verkehrsmittel in Österreich gültig ist und im Normalfall eine finanzielle Ersparnis zu den bisherigen Ticketsystemen mit sich brachte. Dieser externe Anreiz kann ein letzter Motivationsschub für Personen sein, die bereits öfter darüber nachgedacht haben, in ihrem Alltag die Öffis mehr zu nutzen – dies konnte ich auch in meinem familiären Umfeld beobachten. Andererseits ist die Erhöhung der Steuer auf fossilen Treibstoff ein Beispiel für das Setzen von Abschreckung, da dadurch das Nutzen fossil betriebener Autos eine weitere negative Konsequenz für die nutzende Person hat.

Viele Möglichkeiten, umweltfreundliches Verhalten anzustoßen

Welche Strategien bieten sich nun konkret an? Um den Einsatz umweltpsychologischer Strategien zu verdeutlichen, darf ich Sie zu einem Kurzausflug in die Heimwerkerabteilung einladen. Stellen Sie sich einen Werkzeugkasten vor. Dieser bietet eine Auswahl an Hilfsmitteln: Hammer, Nägel, Schraubenzieher, Zollstock und Wasserwaage. Alles wirkungsvolle Dinge, sie müssen jedoch in der richtigen Situation zum Einsatz kommen. Wenn ich einen Nagel in die Wand schlagen möchte, werde ich mit einem Hammer schneller und erfolgreicher vorankommen als mit einer Wasserwaage. Das heißt im Umkehrschluss aber nicht, dass die Wasserwaage wirkungslos ist und am besten aus dem Kasten aussortiert werden sollte. Sie ist eine hilfreiche Begleiterin, wenn es darum geht, gerade Linien zu messen, um beispielsweise ein Bild nicht schief aufzuhängen oder die Fliesen gerade zu verlegen. Analog dazu verhält es sich mit umweltpsychologischen Strategien zum Anstoß für Verhaltensänderungen. Die Forschung hat umweltpsychologische Strategien als hilfreiche Unterstützung erforscht und identifiziert. Keine von ihnen wird jedoch immer in allen Situationen den gleichen Effekt zeigen, sondern hat ihre jeweiligen Bedingungen, unter denen sie am besten wirkt – genau wie der Hammer und die Wasserwaage.

Für die Forschung sind Ergebnisse zu den genannten Bedingungen noch nicht exakt abzuleiten. Nichtsdestotrotz hat Wesley Schultz, Professor der California State University San Marcos, eine Orientierungshilfe vorgeschlagen.[69] Zu Beginn wird das zu fördernde Verhalten analysiert und dann anhand von zwei Fragen eingeordnet:

Wie viele Vorteile bringt das Ausführen dieses Verhaltens – viele oder wenige?

Analysiert wird hier, ob das Zielverhalten neben dem positiven Effekt für die Umwelt auch einen persönlichen Vorteil für die ausführenden Personen bringt. Es wird also ein Blick auf die natürlichen und die externen Konsequenzen geworfen. Dieser kann beispielsweise finanziell sein, indem durch einen niedrigeren Energieverbrauch im Haushalt oder den Kauf von Secondhand-Produkten mehr Geld in der Börse bleibt; eine Zeitersparnis im Alltag durch die Wahl des Zuges auf einer Strecke, wo er dem Auto zeitlich klar überlegen ist; oder auch soziale Anerkennung von anderen und das Erleben der kollektiven Wirksamkeit durch das Mitwirken bei globalen Klimastreiks.

Welche Barrieren gibt es für das Ausführen dieses Verhaltens – hohe oder niedrige?

Neben den Vorteilen birgt jedes Verhalten zugleich Hürden. Diese können einen damit einhergehenden höheren Aufwand mit sich bringen. Zum Beispiel finanziellen Aufwand durch den höheren Preis von Bio- oder fair gehandelten Produkten; aber auch zeitlich durch den Weg, den man zu den Recyclingcontainern zurücklegt; oder die Onlinesuche, die man nach dem passenden Secondhand-Teil verbringt; aber auch sozial, wenn man als einzige Person im Bekanntenkreis nicht mehr am Shoppingnachmittag teilnimmt oder bei Essenseinladungen das Fleischgericht dankend ausschlägt.

Es ist schwer, allgemeingültige Beispiele für die jeweiligen Kategorien aufzuzählen, da die persönliche Wahrnehmung eine große Rolle spielt. Während Deniz die Zugfahrt als Zugewinn für seine Lebensqualität empfindet, da er die Fahrzeit zum Lesen, Arbeiten oder auch Entspannen nutzen kann, empfindet Sam die Wahl des Zuges als Hauptverkehrsmittel hauptsächlich als Stress. Während es Ivana leichtfällt, ihre Woche zum Großteil fleischlos zu gestalten, da sich auch ihr Umfeld zum Großteil so ernährt und es rund um ihr Büro genug Auswahlmöglichkeiten gibt, empfindet Jelena dies als große Herausforderung.

Je nachdem, wie die Einschätzung ausfällt, kann man einem **Vier-Felder-Schema** die empfohlene Strategie entnehmen. Werfen wir einen genaueren Blick auf die einzelnen Bereiche.

Anreize
Wettbewerb

Mach es leicht
Versprechen
Zielsetzung

Vorbilder
Soziale Normen

Information
Feedback
Hinweisreize
Kognitive Dissonanz

wenige **Vorteile** viele

Der Jackpot: viele Vorteile und niedrige Barrieren

Diese Kategorie wünscht sich wohl jede Person, die Nachhaltig-keitsbestrebungen im Privaten oder Beruflichen vorantreiben möchte: eine umweltfreundliche Handlung, die wenig Aufwand mit sich bringt, aber zu vielen persönlichen Vorteilen führt. Treffen diese Charakteristika auf ein Verhalten zu, steht eine Reihe von Ansätzen zur Verfügung.

Informationsvermittlung: Wissen ist Macht?

Dieser Ansatz beruht auf einer klassischen Annahme: Der Grund, warum Personen in umweltschädigenden Verhaltensmustern bleiben, ist fehlendes Wissen. Werden ihnen erst die Auswirkungen ihres Verhaltens und die Vorteile der Veränderung von diesem bewusst, ändern sie es auch gewiss. Die Strategie der Informationsvermittlung setzt an dieser Lücke an und hofft, mit dem Vermitteln von ausreichend Informationen Veränderung anzustoßen.

Die Befunde zur Wirksamkeit sind jedoch sehr unterschiedlich. Es fehlen Belege für den kausalen Zusammenhang zwischen Wissen und dem tatsächlichen Verhalten. Oft spiegelt sich ein Zuwachs an Wissen nicht in einem Zuwachs an umweltfreundlichen Handlungen wider.[70] Darum empfiehlt sich das Vermitteln von Informationen bei einem bereits motivierten Zielpublikum. Die Wirksamkeit dieses Ansatzes kann gesteigert werden, indem man die Informationen an die Zielgruppe anpasst, also vor allem die Informationen vermittelt, die für sie relevant sind.[71]

Feedback: Wie ist mein Verhalten?

Feedback ist eine spezifische Art der Informationsvermittlung, bei der eine Person Rückmeldung über ein vergangenes Verhalten bekommt. Dies kann beispielsweise das Ausmaß des Energie- oder Wasserverbrauches im Haushalt sein. Durch den technischen Fortschritt wird es immer leichter, zeitnah oder sogar direkt in der Situation Rückmeldung zur aktuell ausgeführten Handlung zu bekommen. Dies kann unter anderem durch die Anzeige des aktuellen Spritverbrauchs im Auto oder auch eines Smart Meters, eines Geräts, das den aktuellen Energieverbrauch im Haushalt anzeigt, geschehen. Feedback ist hilfreich, da es den Zusammenhang zwischen dem gewünschten Ziel (z. B. Energie sparen) und dem dafür notwendigen Verhalten aufzeigt.[72] Idealerweise wird dieser Ansatz mit anderen kombiniert. Also zum Beispiel Feedback über den aktuellen Energieverbrauch in Kombination mit maßgeschneiderten Tipps, wie man angesichts des eigenen Verbrauchsmusters diesen noch reduzieren kann.

Hinweisreize: Wie soll ich mich verhalten?

Unter Hinweisreizen, oder im Englischen „prompts", versteht man einen geschriebenen oder visuellen Hinweis direkt in der Situation, in dem ein Verhalten normalerweise ausgeführt wird.

Dazu zählt beispielsweise das Schild „Bitte bei Verlassen des Raums Licht ausschalten" neben dem Lichtschalter. Der Einsatz bietet sich dann an, wenn die Zielgruppe bereits eine positive Einstellung oder Bereitschaft zur Ausführung eines Verhaltes hat, es aber in der gegebenen Situation schlicht und einfach vergisst. Die Strategie ist sinnvoll bei leicht ausführbaren, sich wiederholenden Handlungen, die wenig Aufwand erfordern. Platziert werden sie direkt am Ort des Geschehens. Durch das Anbringen eines Hinweisschildes direkt neben Mülltrennungsanlagen konnte die Recyclingrate um 54 % gesteigert werden.[73] Wichtig ist es, die Aufforderungen höflich zu formulieren. Also beispielsweise „Bitte drehen Sie das Licht ab" anstatt von „Lassen Sie nicht das Licht an!" Der Nachteil dieses Ansatzes ist die eher kurzzeitige Wirkung, die nur in der jeweiligen Situation zum Tragen kommt, darüber hinaus aber wieder vernachlässigt wird.

Kognitive Dissonanz: den inneren Zwiespalt nutzen

Wir Menschen haben das Bedürfnis, dass sich unsere Einstellungen in unseren Handlungen widerspiegeln. Sind diese jedoch nicht im Einklang, nehmen wir einen unangenehmen Zwiespalt wahr, den es zu lösen gilt. Dieser Zustand der Kognitiven Dissonanz und die daraus resultierenden möglichen Reaktionen wurden bereits in Kapitel 5 besprochen. Erinnern wir uns: vom inneren Zwiespalt zum Rundumschlag. Wenn es leichter ist, zum Beispiel Greta abzuwerten, statt das eigene Verhalten zu ändern. Auch wenn dieses Phänomen eine Barriere für die Aufnahme eines umweltfreundlichen Lebensstils darstellen kann, gibt es Interventionen, die sich genau diesen Prozess zunutze machen. Konkret, indem Personen ganz bewusst auf die vorhandene Inkonsistenz zwischen dem, was sie eigentlich gut finden, und dem, wie sie tatsächlich handeln, aufmerksam gemacht werden. Beispielsweise indem man sie zuerst dazu befragt, ob sie Klimaschutz und einen umweltfreundlichen Lebensstil wichtig finden. Betonen sie den Stellenwert, den sie dem Thema beimessen, werden sie auch gebeten, präzise Angaben zum Ausmaß an unterschiedlichen klima- und umweltschädigenden Verhaltensweisen in ihrem Alltag zu machen (ziemlich fies, ich weiß). Können sie trotz hoher Wichtigkeit noch immer ein relativ großes Repertoire an für Klima und Umwelt negativen Handlungen aufweisen, bietet dies den perfekten Nährboden für eine Verhaltensänderung. So geschehen in einem Schwimmverein[74]: Am Weg zur Umkleidekabine wurden die Mitglieder um ihre Einschätzung zu einem achtsamen Umgang mit der Ressource Wasser gebeten. Empfanden sie diesen als wichtig, wurden sie gebeten, eine Kampagne zur Reduktion des Wasserverbrauchs beim Duschen zu unterstützen. Das Ziel dieses Vorgehens war, dass das öffentliche Bekenntnis zum sorgsamen Wasserverbrauch es schwerer macht, sich dann anschließend entgegengesetzt zu verhalten. Und tatsächlich duschte diese Gruppe im Anschluss eine kürzere Zeit als die Personen in der Kontrollgruppe. Die verbrauchten Sekunden wurden mit einem eingebauten Gerät gemessen. Wie auch bei den anderen Ansätzen oben ist diese Strategie am wirkungsvollsten, wenn Personen bereits eine positive Einstellung gegenüber dem Zielverhalten mitbringen.

Viele Vorteile, aber hohe Barrieren : Mach es leicht!

Die Rahmenbedingungen, unter denen ein Verhalten ausgeführt werden soll, spielen eine zentrale Rolle.[75] Man kann Klimaschutz eine große Wichtigkeit beimessen und die Nutzung von Öffis höchst positiv beurteilen. Wenn in die Gegend, in der man wohnt, kein Bus fährt, ist das Ausführen dieser umweltfreundlichen Handlung schlicht und einfach nicht möglich. Darum ist zum Beispiel in diesem Bereich so wichtig, das Ausführen des Verhaltens einfacher zu gestalten, also die Barrieren dafür zu reduzieren. Untersucht wurde diese Strategie im Zusammenhang mit zurückgelassenen Hundehäufchen auf Gehwegen und öffentlichen Flächen.[76] Diese stellen neben der sozialen Komponente (jede und jeder, der schon mal in eines getreten ist, weiß, wovon ich spreche), unter anderem durch die Bakterienbelastung für das Grundwasser, auch eine Herausforderung für die Umwelt dar. Dieses Fehlverhalten konnte nicht durch Informationskampagnen im Radio oder TV reduziert werden, sondern durch das engmaschige Aufstellen von Stationen mit Säckchen zum Entsorgen des Häufchens. Ganz im Sinne von: Mach das Verhalten einfacher, dann macht es (fast) jede und jeder – make is easy!

Versprechen – Ja, ich will!

Das Aufstellen von Säckchen-Stationen geht vergleichsweise rasch. Doch oft können die äußeren Rahmenbedingungen nicht so einfach geändert oder angepasst werden, damit sie förderlicher für die Aufnahme eines zukunftsfreundlichen Lebensstils sind. In solchen Fällen bietet es sich an, stattdessen bei den „innerlichen" Rahmenbedingungen anzusetzen, wie mit der Strategie des Versprechens oder im Englischen „commitment" genannt. Bei diesem Ansatz verpflichtet sich die Person schriftlich oder mündlich dazu, ihr Verhalten zu ändern. Die beste Wirkung wird erzielt, wenn dieser Vorsatz öffentlich, also im Beisein anderer Leute gefasst wird.[77] Außerdem sollten sich die Personen idealerweise noch über einen längeren Zeitraum für die Einhaltung dieser Absicht verpflichtet fühlen. Dies kann unterstützt werden, indem das gefasste Versprechen noch länger (öffentlich) sichtbar ist. Zum Beispiel, indem ein Bild von der Person mit ihrem Intentionsschild in der Hand online gepostet wird. Idealerweise wird dabei statt eines generellen Vorhabens ein spezifisches Verhalten genannt. Im Sinne von: „Ich werde im nächsten Monat sechs Tage die Woche fleischlos leben" statt „Ich werde meine Ernährung klimafreundlicher gestalten". Das erhöht das individuelle

Verantwortungsgefühl und macht es schwieriger, in die Ausreden-falle à la „Normalerweise mache ich das eh! Das ist heute ja nur eine Ausnahme!" zu tapsen.

Andere Forschende versuchten mit Hilfe von Anreizen und Ver-pflichtung, die Nutzung von öffentlichen Verkehrsmitteln in einer Gruppe von „Gewohnheitsautofahrenden" zu steigern.[78] Wie häu-fig bei empirischen Studien gab es wieder verschiedene Gruppen. In der ersten Bedingung erhielten Personen ein Gratis-Öffi-Ticket (= Anreiz), in der zweiten Gruppe verpflichteten sich die Teilneh-menden, eine nachhaltige Aktivität ihrer Wahl wie zum Beispiel die Nutzung öffentlicher Verkehrsmittel zu probieren (= Verpflich-tung), bei der dritten Gruppe wurden die beiden Strategien Anreiz und Verpflichtung kombiniert. Personen in der vierten Gruppe wa-ren Teil der Kontrollgruppe und erhielten somit keine spezifische Information oder Anreiz. Die ersten drei Gruppen verzeichneten einen Anstieg an Nutzung öffentlicher Verkehrsmittel. Nach zwölf Wochen gab es eine Follow-up-Messung und es zeigte sich ein inte-ressantes Bild: Personen, die sich durch ein Versprechen selbst ver-pflichtet hatten (Gruppe 2 und 3), wiesen noch immer eine höhere Nutzungsrate auf. Klingt erfolgversprechend, oder? Der Nachteil ist allerdings, dass dieser Ansatz sehr viel zeitliche Ressourcen in Anspruch nimmt. Individuen müssen einzeln kontaktiert werden und um ihre Selbstverpflichtung gebeten werden.

Zielsetzung: Was möchtest du erreichen?

Unser Verhalten wird zu großen Teilen von unseren Zielen ange-trieben, somit motiviert die Aussicht, das gewünschte Ziel zu er-reichen, idealerweise auch das damit verbundene Verhalten. Die Strategie der Zielsetzung ist am erfolgreichsten, wenn die Ziele hoch, aber dennoch realistisch gesteckt werden.[79] Zum Beispiel, wenn man einer überzeugten Fleischesserin vorschlägt, zwei Mal die Woche auf Fleisch zu verzichten. Außerdem sollte das Ziel in einem eher kurzen Zeitraum erreichbar sein. Das heißt, man setzt sich etwa das Ziel, etwas innerhalb von zwei Monaten zu ändern und nicht erst in drei Jahren. Während man früher den Fokus auf Ziele von Individuen gesetzt hat, verlagert er sich nun immer mehr darauf, Personen in Gruppen zu motivieren. Eine erfolgreiche Anwendung dieses Ansatzes wurde im Rahmen des EU-Projektes „Energy Neighborhoods" untersucht und bestätigt.[80] Hier haben sich Nachbarschaften mit dem Ziel, mindestens 8 % ihrer Haushaltsenergie innerhalb eines halben Jahres einzusparen, zusammengeschlossen. Wurde dieses Ziel erreicht, winkten Preise. Unterstützung bekamen sie durch sogenannte Energy Master, also Personen aus ihrer Nachbarschaft, die ein spezielles Training erhalten hatten und jeden Haushalt spezifisch bei der Zielerreichung unterstützen konnten. Insgesamt haben um die 600 Gemeinschaften aus neun EU-Staaten teilgenommen. 60 % konnten das gewünschte Ziel erreichen – oder es sogar übertreffen. Im Durchschnitt lag die Einsparung bei 11 %. Wieder ein Beispiel, das belegt: Es funktioniert!

Wenig Vorteile und niedrige Barrieren
Vorbilder und soziale Normen

Wenn das Ausführen des Verhaltens relativ einfach ist, sich Personen jedoch wenig persönliche Vorteile erwarten, bieten sich durchaus Strategien zur Motivationssteigerung an. Der Einfluss von sozialen Normen wurde bereits ausführlich in Kapitel 7 dargestellt. Im Vergleich zu generellen Energiespartipps führten Informationen über das Energiesparverhalten der Nachbarschaft zu einer 10-%-Reduktion des eigenen Energiekonsums. Der Ansatz ist besonders interessant für Gruppen, die eher eine geringe Umweltmotivation mitbringen. Die Wirkung kann gut anhand einer Studie, durchgeführt von Wesley Schultz, demonstriert werden[81]: Mit Hilfe von normativen Nachrichten (= Wie verhalten sich die anderen?) sollte des Recyclingverhalten bei Sammelstationen erhöht werden. Nach einem Zeitraum von vier Wochen führten sie tatsächlich zu einer Steigerung von 17 %. Ein zweiter Blick auf die Teilnehmenden mit einer geringen Anfangsmotivation sprach Bände: Bei dieser Gruppe machte die Steigerung 92 % aus.

Die Herausforderung: wenig Vorteile und hohe Barrieren

Diese Kategorie ist wohl der Albtraum für alle, die versuchen, sich und ihr Umfeld nachhaltiger zu gestalten: Ein Verhalten, für das man hohe Hürden in Kauf nehmen muss und im Endeffekt wenig persönliche Vorteile daraus zieht. Die Förderung eines solchen stellt sich als besonders schwierig dar. Kaum jemand kann sich bei solchen Rahmenbedingungen dazu aufraffen. Darum empfehlen sich Ansätze, die versuchen, die Vorteile zu erhöhen. Dies kann durch Anreize, aber auch Wettbewerb geschehen. Aber vielleicht hilft hier der Gedanke: Wir retten durch klimafreundliches Verhalten nicht allein unseren Planeten, wir bestimmen damit die Lebensqualität unserer Zukunft, aber auch die unserer Kinder und Kindeskinder.

Anreize – Was ist für mich drin?

Bei dieser Strategie wird durch das Hinzufügen eines externen Anreizes – wie zum Beispiel Steuererleichterungen – versucht, ein Verhalten zu fördern. Denn: Erwarte ich mir von einer Handlung positive Konsequenzen, werde ich diese auch eher zeigen. Klingt logisch? Ist es auch – und auch wissenschaftlich bewiesen.[82] Dadurch, dass der Ansporn für das Verhalten von außen kommt, hat dieser Ansatz aber auch so seine Stolperfallen. Die Verhaltensänderung tritt hauptsächlich für das geförderte Verhalten auf, nicht für andere umweltfreundliche Handlungsweisen (mehr dazu in Kapitel 6, Individuelle Werteinstellungen). Darüber hinaus konnte sogar der sogenannte Rechtfertigungs-Effekt („social licensing effect") beobachtet werden. Dieser besagt, dass Personen durch das Ausführen einer „guten" umweltfreundlichen Handlung in ihrer Wahrnehmung die Bestätigung haben, bereits ausreichend „grün" zu sein und nicht noch weitere nachhaltige Handlungen in ihr Alltagsrepertoire mitaufnehmen zu müssen.[83] Die Verhaltensänderung hält außerdem meist nur so lange an, solange es einen Anreiz dafür gibt.

Wettbewerb – Wir sind besser!

Streng genommen stellen Wettbewerbe eine Unterform des Anreizes dar. Sie können in unterschiedlichster Form gestaltet werden: Einzelpersonen oder Gruppen treten gegeneinander an, Spiele, bei denen man für das Erreichen eines gewissen Levels Preise erhält, oder auch Verlosungen, für die man sich durch umweltfreundliche Handlungen qualifiziert. Dieses Format findet besonders bei Personen mit einer ursprünglich geringeren Umweltmotivation großes Interesse.

Die dargestellten Ansätze setzen stark auf die Freiwilligkeit in der Zivilgesellschaft, so dass sich Personen von sich aus für eine lebenswerte Zukunft einsetzen. Neben der Motivation innerhalb der Gesellschaft nehmen auch politische Instrumente eine zentrale Rolle ein, um menschengemachten Umwelt- und Klimaproblemen entgegenzuwirken. Wie die politische Dimension mit der Umweltpsychologie zusammenhängt und was Politik dazu beitragen kann, wird im nächsten Kapitel diskutiert.

KAPITEL 11 Akzeptanz von politischen Maßnahmen

Der bisherige Fokus dieses Buches lag bisher stark auf Verhaltensänderungen innerhalb der Zivilgesellschaft, also jedem und jeder

Einzelnen von uns. **Selbstverständlich ist die Bereitschaft der Bevölkerung für eine nachhaltige Zukunft zentral, aber ohne politische Rückendeckung wird es schwer, ja sogar unmöglich.** Politik spielt eine enorm wichtige Rolle. Politische Maßnahmen haben hinsichtlich der Förderung von umweltfreundlichen und – noch viel wichtiger – dem Unterbinden von umweltschädigenden Verhaltensweisen oft eine schnellere und weitreichendere Hebelwirkung als Initiativen von Einzelpersonen. Eine freiwillige 30-km/h-Zone, die durch eine Bewegung in der Gesellschaft initiiert wurde, erzeugt potenziell weniger Verhaltensänderungen als ein gesetzlich bindendes Tempolimit von 30 km/h. Das soll jedoch kein Freibrief sein, die Verantwortung allein der Politik zuzuschreiben. Ganz im Gegenteil: In einer Demokratie hat die Bevölkerung durch das Mittel der Wahl die Möglichkeit, die Partei, die sich für die Schwerpunkte, die ihr wichtig erscheinen, einsetzt, zu unterstützen. Mit Blick auf zukünftige Wahlen fällt es der Politik auch leichter, Maßnahmen umzusetzen, die von der Bevölkerung mitgetragen werden und nicht auf allzu großen Widerstand stoßen. Somit nimmt die Akzeptanz für politische Umweltmaßnahmen einen hohen Stellenwert im Umgang mit der Klimakrise und Umweltproblemen ein – womit wir wieder zurück bei der Psychologie sind, die sich als Wissenschaft mit dem Erklären und der Vorhersage von menschlichem Verhalten beschäftigt.

Soziales Dilemma oder: Was gut ist für mich, ist schlecht für euch

Karl lebt in Österreich. Dort wird im Jahr 2022 eine CO_2-Steuer eingeführt. Karl ist sich noch unsicher, wie er diese Maßnahme finden soll. Um sich seine Meinung zu bilden, wägt er die Vor- und Nachteile dieses politischen Instruments ab und überlegt, welches welches Ergebnis er sich durch dessen Einführung erwartet. Karl stellt sich zwei Fragen[84]: **„Welche persönlichen Kosten bringt diese neue Steuer für mich?"** und „Welche Kosten bringt diese

Steuer für die Allgemeinheit?" Hier möchte ich ergänzen, dass Kosten in der Psychologie nicht nur durch den finanziellen Blickwinkel interpretiert werden. Darunter fallen auch Dinge wie zum Beispiel der zeitliche Aufwand, den eine Tätigkeit für eine Person hat, oder die körperliche Anstrengung, die mit einer Maßnahme verbunden ist. Poltische Umweltentscheidungen wie zum Beispiel die Einführung einer CO_2-Steuer oder eine Reduktion des Tempolimits sind häufig mit höheren Kosten für das Individuum verbunden. Karl besitzt ein fossil betriebenes Auto und muss nach der Einführung der Maßnahmen mehr Geld für den Treibstoff aufbringen oder kann auf der Autobahn nicht mehr das in seinen Augen pure Freiheitsgefühlt von Einfach-mal-aufs-Gaspedal-Steigen ausleben. Dem gegenüber stehen die Kosten für die Allgemeinheit, die bei Umweltmaßnahmen oft geringer ausfallen. Höhere Kosten von fossil betriebenen Autos, die darauf abzielen, dass sich die Anzahl dieser Fahrzeuge reduziert, und verpflichtende Tempolimits tragen zu einer besseren Luftqualität, Lärmreduktion und somit höherer Lebensqualität bei und sind darüber hinaus förderlich, um die Konsequenzen des menschengemachten Klimawandels einzudämmen. Das ist eine Reihe von positiven Effekten, von denen die breite Öffentlichkeit aktuell und in der Zukunft profitiert.

Nun haben wir den Salat, genauer gesagt: das soziale Dilemma.[85] So bezeichnet man Situationen, in denen Karl durch eigeninteressiertes Verhalten wie günstige Autoerhaltungskosten oder scheinbar ungebremstes Fahren Vorteile für sich erlebt, dies aber gleichzeitig Nachteile für die Allgemeinheit in Form von höherer Luftverschmutzung und stärkeren Klimawandelkonsequenzen bringt. Ein klassisches Beispiel für ein soziales Dilemma ist ein Fischteich, auf den mehrere gewerblich arbeitende FischerInnen zugreifen können. Aus Sicht der Einzelperson ist es positiv, wenn sie so viele Fische wie möglich rausholen kann. Für die Gemeinschaft resultiert dieses Verhalten jedoch in einen Nachteil, da für die anderen keine Fische mehr zur Verfügung stehen. Ein egoistisch motiviertes Verhalten bringt also Vorteile für das Individuum, bringt der Allgemeinheit aber Nachteile.

Wie entkommen wir dem sozialen Dilemma „Klimawandel"?

Das soziale Dilemma findet sich auch beim Klimawandel wieder. Als Individuum habe ich (vermeintlich) oft die größten Vorteile, wenn ich mich nicht einschränken muss – ich kann essen und kaufen, so viel und was ich möchte, mit meinem Auto jede gewünschte Strecke zurücklegen und dabei nicht auf Geschwindigkeitsbeschränkungen achten und, wenn ich möchte, jedes Wochenende mit dem Flugzeug in eine andere Metropole jetten. Dieser Lebensstil hat aber – wie wir inzwischen gesichert wissen – aktuell und zukünftig schwerwiegende Konsequenzen für die Menschheit weltweit. Doch auch wenn die Situation verzwickt erscheint, gibt es eine gute Nachricht: Die Maximierung des eigenen Vorteils ist nicht die einzige Antriebskraft für das Individuum. Wir Menschen haben stark das Bedürfnis, die vorhandenen Ressourcen effizient und fair zu verteilen. **Die Situation entscheidet darüber, welcher Antrieb das Kommando übernimmt – nach dem Motto Ego versus Eco**. Dafür werden drei Faktoren miteinander abgewogen: *die persönlichen* Konsequenzen, *die allgemeinen* Konsequenzen und die *Verteilung dieser Konsequenzen*.[86]

Meine persönlichen Konsequenzen

Karl steht dankenswerterweise wieder für die Veranschaulichung zu Verfügung. Empfindet Karl ein neu eingeführtes Umweltgesetz hauptsächlich als Freiheitseinschränkung für sein eigenes Verhalten, reduziert dies seine Bereitschaft, es mitzutragen. Hier macht es aber einen Unterschied, wie oft die Maßnahme seinen Alltag beeinträchtigen wird. Im Ring stehen sich einmalig greifende Maßnahmen gegenüber, wie zum Beispiel die Erhöhung der Anschaffungskosten für klimaschädigende Geräte oder auch Förderungen für den Ausstieg aus Ölheizungen, und Maßnahmen, deren Auswirkungen Karl im Alltag immer wieder wahrnimmt, wie die Erhöhung des Spritpreises. Gegen „Einmalmaßnahmen" wie Förderungen spricht auf Seiten der Politik, dass diese meist mit einem höheren finanziellen Aufwand verbunden sind. Eine finanzielle Unterstützung für die Anschaffung eines umweltfreundlichen Heizsystems ist kostenintensiver als die Einführung eines Tempolimits, welches durch die Geldstrafen der Rasenden sogar noch Geld in die Haushaltskassa bringt. Im Herbst 2021 hat man sich in Österreich für das Setzen auf beide Ansätze entschieden, indem sowohl eine verstärke Offensive zum Austausch von Ölheizungen als auch eine drastische Erhöhung der Strafen bei Tempoüberschreitungen durchgeführt wurde. Jedoch stoßen Maßnahmen, die mit regelmäßigen Einschnitten verbunden sind, wie eben das Winken von höheren Geldstrafen, in der Bevölkerung normalerweise auf mehr Widerstand. Auch Karl wird die Maßnahmen der CO_2-Steuer in Form von höheren Sprit- und Energiepreisen immer wieder in seinem Alltag spüren und ärgert sich darüber. Eine Möglichkeit, Karls Ärger zu reduzieren, ist es, seine wahrgenommenen negativen Konsequenzen zu minimieren.

Umweltfreundliches Verhalten anlocken oder dazu hinschubsen

Wie könnte das funktionieren? Die Forschung empfiehlt, gebündelte Umweltmaßnahmen aus einem Mix aus Anlock- („pull strategy") und Anschubs-Strategien („push strategy") einzuführen. Bei der Anlock-Strategie wird umweltfreundliches Verhalten belohnt, Personen werden also sprichwörtlich in Richtung nachhaltiger Lebensstil „gezogen". Karl merkt das in seinem Alltag durch Anreize wie die Vergünstigung von Öffi-Tickets, Steuerersparnis durch das

Fahren eines Elektroautos oder Anreize, um seine Ölheizung zu wechseln. In Österreich ist beispielsweise geplant, gekoppelt mit der CO2-Steuer einen Klimabonus einzuführen. Das wird je nach Wohnort ein fixer Geldbetrag, der jeder und jedem ausbezahlt wird. Bei der Anschubs-Strategie werden umweltschädigende Verhaltensweisen bestraft, die Personen also sinnbildlich von diesen Verhaltensweisen „weggeschubst". Diese machen sich zum Beispiel durch die höheren Strafen für das Überschreiten des Tempolimits oder höhere Steuern für Flugtickets in Karls alltäglichem Leben bemerkbar. Anschubs-Strategien erzeugen durch den Strafcharakter meist mehr Widerstand in der Bevölkerung als die vor allem durch Freiwilligkeit gekennzeichneten Anlock-Strategien. Jedoch haben sie auch mehr Potenzial, tatsächlich eine großflächige Verhaltensänderung herbeizuführen.

Womit wir wieder zurück sind bei den mehrmals greifenden Maßnahmen, die ebenfalls negativer empfunden werden. Die Akzeptanz für diese kann durch die gemeinsame Einführung von Anschubs-Strategien mit unterstützenden Anlock-Strategien gefördert werden. Karl nimmt die Erhöhung der Flugpreise eher hin, wenn gleichzeitig das Zugnetz ausgebaut wird und geeignete Alternativen auf Schiene angeboten werden. Eine Preiserhöhung von fossilem Treibstoff wird von ihm eher akzeptiert, wenn gleichzeitig die Attraktivität von öffentlichen Verkehrsmitteln erhöht wird und Anreize für den Kauf eines elektrisch betriebenen Autos gesetzt werden.

Die allgemeinen Konsequenzen

Neben seinen persönlichen Konsequenzen eines Umweltgesetzes beeinflussen auch die Konsequenzen, die für die Mitmenschen zu erwarten sind, Karls Entscheidung über Akzeptanz oder Widerstand. Ist eine generelle Verbesserung eines Umweltproblems zu erwarten, wirkt sich dies förderlich auf die Kooperation, also das Ausmaß an Akzeptanz aus.[87] Voraussetzung dafür ist, dass das Ziel klar ersichtlich ist und die Maßnahme dafür möglichst effektiv gestaltet wurde. Darum sollte aus psychologischer Sicht zum Beispiel ein Maßnahmenpaket zur Luftverbesserung Strategien beinhalten, bei denen die Verbindung zum Thema Luftqualität klar erkenntlich ist. Sind die Zusammenhänge kompliziert oder sogar komplex, ist es entscheidend, sie transparent zu kommunizieren. Förderlich wirkt es sich aus, wenn die negativen Auswirkungen des Umweltproblems bereits schwerwiegend im Alltag spürbar sind, da die Verbesserungen durch die gesetzten Maßnahmen schneller wahrnehmbar sind als bei latenten Umweltproblemen. Auf einer Straße, die Karl täglich für seinen Arbeitsweg nutzt, wird ein Tempolimit eingeführt. Das führt im ersten Moment bei Karl zu Ablehnung. Jedoch bemerkt er mit Blick auf die ansprechend gestalteten Messstationen am Straßenrand, dass die Maßnahme tatsächlich zu einer Verbesserung der Luftqualität und eine Abnahme der Lärmbelastung führt. Auch eine Freundin, die in der Nähe der Straße wohnt, berichtet ihm von diesem Zugewinn an Lebensqualität. Sein anfänglicher Ärger verflüchtigt sich, da er die Sinnhaftigkeit der Maßnahme begreift, und er wechselt in den Kooperationsmodus, indem er sich auch tatsächlich an die Beschränkungen hält. Er hat die Maßnahme als sinnvoll verstanden und verinnerlicht.

Die Verteilung der Konsequenzen

Eine Umweltmaßnahme wird dann als fair beurteilt, wenn möglichst alle gleich von den negativen, aber auch positiven Konsequenzen betroffen sind. Nehmen wir die CO_2-Steuer als Beispiel. Wie muss diese Ihrer Meinung nach gestaltet sein, damit sie als fair bezeichnet werden kann? Welche Aspekte sollen dafür berücksichtigt werden? Soll umweltschädigendes Verhalten für alle gleich verteuert werden? Was ist dann aber mit den

Personen, deren finanzielle Situation es nicht zulässt, dass sie sich ein Elektroauto leisten oder ihr Heizsystem wechseln? Gar nicht so einfach. Wie so oft, kann die Situation aus verschiedenen Blickwinkeln beurteilt werden. Sehen wir uns diese Fairnessprinzipien[88] genauer an. Nach dem Motto: Welche Fairnessbrille darf es heute sein?

Die intrapersonelle Fairnessbrille: Ein Blick durch diese Brille führt dazu, dass neu eingeführte Gesetze auf Basis eines internen Referenzpunktes evaluiert werden, zum Beispiel eines Vorher-nach-her-Vergleiches: *Seit der Einführung der CO2-Steuer zahle ich für den Treibstoff meines Autos mehr als davor! Das finde ich nicht gerecht!*

Die interpersonelle Fairnessbrille: Durch diesen Blickwinkel beurteilt Karl die Konsequenzen, die eine neu eingeführte Umweltmaßnahme für ihn und verschiedene Gruppen in der Gesellschaft hat. Hier kann er entweder den Maßstab ansetzen, dass Personen, die mit ihrem Lebensstil mehr CO2-Ausstoß verursachen, durch die Einführung der Steuer proportional zu ihrem Verbrauch auch mehr Geld zahlen müssen. Oder er beurteilt die Maßnahmen dahingehend, dass Personen je nach ihren (finanziellen) Möglichkeiten betroffen sind und die Höhe der Steuer zum Beispiel an das Einkommen gekoppelt ist. Gar nicht so einfach, da es für beide Ansätze überzeugende Pro- und Kontra-Argumente gibt. Was man hier jedoch anmerken kann, ist, dass sich generell zeigt, dass Personen mit einem höheren sozioökonomischen Status auch einen tendenziell klimaschädigenden Lebensstil haben.

Die Generationenfairnessbrille: In diesem Bereich spielt insbesondere der Begriff der Umwelt- und Klimagerechtigkeit eine wesentliche Rolle. Setzt sich Karl diese Bewertungsbrille auf, wird er selbst Umweltgesetze mit negativen Konsequenzen für ihn selbst als gerecht befinden, da sie negative Klima- und Umweltkonsequenzen in der Zukunft abfedern. Hier würde er es als ungerecht empfinden, wenn man sinnbildlich auf Kosten der zukünftigen Generationen lebt und mehr Ressourcen verbraucht, als es ein klimafreundlicher Lebensstil zulassen würde.

Sie sehen, es gibt keine allgemeingültige Lösung, die dem Gerechtigkeitsempfinden von allen entspricht. Denn es ist schließlich auch abhängig davon, durch welche Fairnessbrille die jeweilige Situation bewertet wird. Was durch die Generationenbrille fair scheint, stellt sich durch die interpersonelle Brille vielleicht als unfair dar – und umgekehrt. Wie so oft gibt es nicht *eine* richtige Antwort. Das macht es unter anderem auch so herausfordernd, Umweltmaßnahmen auf eine Weise zu gestalten, dass sie eine hohe Akzeptanz erhalten.

Yes, we can! Wann werden Umweltmaßnahmen akzeptiert?

Nichtsdestotrotz gibt es Umstände, die sich förderlich auf die Kooperationsbereitschaft in einem sozialen Dilemma auswirken, hier zusammengefasst[89]:

Die Gruppengröße: In größeren Gruppen schleicht sich schneller die Tendenz ein, eigeninteressiert zu handeln, als wenn das soziale Dilemma nur wenige betrifft.

Kommunikation: Besonders bei Konflikten in kleineren Gruppen ist gut und wichtig, wenn sich die Personen untereinander austauschen können. Das hilft, zu einer Einschätzung darüber zu gelangen, wie sich die anderen sehr wahrscheinlich verhalten werden. Eine Studie konnte zeigen, dass ein persönlicher Austausch vorab die Kooperationsrate einer Gruppe im Schnitt um 45 % gehoben hat.[90]

Wahrgenommene Wirksamkeit: Haben Personen den Eindruck, dass ihr kooperatives Handeln wichtig ist, um eine gemeinsame Ressource zu erhalten, wird auch eher diese Art der Handlung gezeigt. Hier besteht natürlich ein Zusammenhang mit der Gruppengröße – je größer die Gruppe, desto eher schleicht sich die scheinbare Entschuldigung ein: „Es ist ja egal, wie ich handle! Ich als Einzelperson kann doch nichts ausrichten!"

Hohe Ressourcensicherheit: Je klarer das Wissen darüber, wie viele gemeinsame Ressourcen für die Verteilung noch übrig sind, desto höher das Ausmaß an kooperativen Verhaltensweisen. Der zu Beginn des Abschnitts erwähnte Fischteich zeigt dies eindeutig, da man die Anzahl der Fische einschätzen kann. Im Zusammenhang mit dem Klimawandel stellt dies jedoch eine Herausforderung dar. Wie viel CO_2 darf ich noch „verbrauchen", um das 2-Grad-Ziel zu erreichen? Haben Weltregionen, die bisher mit ihrem CO_2-Ausstoß kaum ins Gewicht gefallen sind, nun proportional mehr Anrecht? Solche diffusen Rahmenbedingungen erleichtern es, dass sich bei den Individuen der Egoismusmodus einschleicht. Im Sinne von: „So genau kann das doch niemand sagen, wie sich unser Lebensstil auswirkt. Wir haben noch einen ausreichenden Spielraum."

Hohe soziale Sicherheit: „Wie werden sich die anderen verhalten? Schau ich durch die Finger, wenn ich mich kooperativ verhalte und die anderen jedoch auf die Maximierung ihres eigenen Vorteils achten?" Das sind gängige Formulierungen, die wir kennen. Hohe soziale Sicherheit bedeutet, ein hohes Maß an Klarheit darüber, dass sich die anderen auch im Interesse der Gruppe verhalten, und beeinflusst das Auftreten von Kooperation positiv.

Soziale Normen: Eine besonders große Herausforderung stellen Situationen dar, in die viele Personen involviert sind. Denken Sie zum

Beispiel an die globale Plastikverschmutzung oder den Umgang mit dem Klimawandel generell. Das hohe Ausmaß an Anonymität und die geringen Möglichkeiten der Kommunikation untereinander sind nur schwer fassbar. In so einem Fall können soziale Normen (siehe Kapitel 7), also die Annahmen darüber, dass andere sich im Sinne des Gemeinwohls verhalten, den Kooperationsmodus unterstützen. Hier ist eine Barriere, dass Personen dazu tendieren, die Ausprägung von biosphärischen Werten, also Umweltwerten, der anderen zu unterschätzen. Wird ihnen jedoch bewusst, dass auch andere Personen der Erhalt der Umwelt wichtig ist, kann dies mehr klimafreundliches Verhalten motivieren.[91,92]

Von Widerstand zu Akzeptanz – ein zeitlicher Verlauf

Selbst wenn die Faktoren alle für eigeninteressiertes Handeln sprechen, muss der Widerstand gegen eine politische Umweltmaßnahme nicht immer in Stein gemeißelt sein. Das lässt sich anhand der Einführung einer Citymaut in Stockholm im Jänner 2006 zeigen. Zu Beginn gingen die Menschen sinnbildlich dagegen auf die Barrikaden. Nach einer Testphase wurde das öffentliche Stimmungsbild erneut abgefragt. Zu diesem Zeitpunkt hatte sich das Blatt gewendet und die Mehrheit sprach sich für die Beibehaltung der Maut aus. Dadurch wurde die Maut schlussendlich permanent eingeführt. Was hat sich geändert? Warum hat die Akzeptanz im Laufe der Zeit zugenommen?

Dafür gibt es aus psychologischer Sicht verschiedene Erklärungsansätze[93]: Neben der Einführung der Maut, einer Anschubs-Strategie, da umweltschädigendes Verhalten teurer gemacht wurde, setzte man auch auf die Implementation von Anlock-Strategien, indem der öffentliche Verkehr ausgebaut und attraktiver gestaltet wurde. Dadurch haben sich möglicherweise für manche Autonutzende die negativen Konsequenzen gefühlt reduziert.

Darüber hinaus konnte die positive Wirkung der Maut erlebt werden. Es standen mehr Parkplätze zur Verfügung, was die Parkplatzsuche sehr erleichterte. Außerdem nahmen die mit Autos vollgestopften Straßen ab, auch ein großer Vorteil für die Autofahrerenden, da sie weniger Zeit im Stau verbringen mussten. Die negativen Konsequenzen der Maut durch die finanziellen Kosten wurden schlussendlich als nicht so schlimm empfunden, wie im Vorhinein angenommen. Außerdem konnte die Bevölkerung die Abnahme der Luftverschmutzung erleben, was die Dimension der Umweltgerechtigkeit bediente. In Summe haben also nach der Probephase die positiven Konsequenzen im Vergleich zu den negativen überwogen. Durch den Probezeitraum und die begleitenden Umfragen hatten die Personen auch ein Mitspracherecht an der Situation. In der psychologischen Gerechtigkeitsforschung wird dies als „voice" (= Stimme) bezeichnet. Ein Mitspracherecht hat sich als zentraler Faktor herauskristallisiert, ob Personen Maßnahmen als gerecht wahrnehmen oder nicht.

Sie sehen: **Das Verhalten der Gesellschaft im Wechselspiel mit der Politik ist entscheidend.** Die Politik ist mehr denn je gefordert, ambitionierte Handlungen zur Eindämmung drastischer Umweltprobleme und der menschengemachten Klimakrise zu setzen. Jedoch werden diese eher umgesetzt und sind erfolgreich, wenn sie von der Bevölkerung akzeptiert werden. Die Politik gibt die Rahmenbedingungen für die Handlungen vor. Jedoch muss die Einzelperson für sich entscheiden, ob sie innerhalb dieses vorgegebenen Rahmens bleibt oder auf Widerstand geht. In diesem Zusammenhang wird immer wieder der Ruf nach stärkeren Strafen für abweichendes Verhalten laut. Wie diese aus Sicht der Umweltpsychologie einzuschätzen sind, lesen Sie gleich im nächsten Kapitel.

KAPITEL 12

Nur mal kurz die Welt retten ... durch Anreize oder Verpflichtungen?

Kommen wir nun zur Eine-Million-Euro-Frage: Wie können umweltfreundliche Verhaltensänderungen am besten erreicht werden? Durch Anreize oder Verpflichtungen? Hören wir Psychologinnen und Psychologen die Wörter „Pflicht" oder „Strafe", schrillen bei uns zunächst alle Alarmglocken. Warum? Weil die Forschung zeigt, dass Personen sie häufig als Freiheitseinschränkung empfinden und einen starken Antrieb entwickeln, diese Freiheit wiederherzustellen. Dieses Phänomen wird als psychologische Reaktanz[94] bezeichnet. Es ist wie eine Art Trotzhaltung, bei der alles unternommen wird, um die individuelle Freiheit wiederherzustellen. Das kann passieren, indem das Verhalten, welches eigentlich verboten wurde, trotzdem gezeigt wird. Ist dies nicht möglich, zeigen Personen facettenreiche Reaktionen: Man versucht die Freiheit indirekt zurückzuerlangen, indem andere angestiftet werden, das verbotene Verhalten zu zeigen; man empfindet das Verhalten nach dem Verbot viel positiver als noch davor; man entwickelt Aggressionen gegenüber der Person, von der die Einschränkung ausgeht. Solche Reaktionen lassen sich im Alltag gut beobachten: Kinder finden das verbotene Cola höchst interessant und limitierte Auflagen mit geringerer Verfügbarkeit lösen einen starken Wunsch aus, sie zu besitzen. Verpflichtungen und Strafen können also zu negativen Einstellungen gegenüber der ausführenden Stelle führen, Anreize hingegen zu einer wohlwollenden Stimmung. Dies führt zu der Annahme, dass die Akzeptanz und das Vertrauen in die Politik untergraben werden können, falls sie zur Förderung der ökologischen Nachhaltigkeit primär auf negative Konsequenzen wie Einschränkungen und Strafen setzen. Was spricht dann überhaupt *für* den Einsatz von einschränkenden Strategien?

Anreize wie Fördersysteme kosten Geld, wohingegen Einschränkungen wie Strafen sogar Geld einbringen. Außerdem haben sie eine vollkommen andere Signalwirkung: **Anreize vermitteln, dass ein spezifisches Verhalten erwünscht, aber freiwillig ist und somit eine Abweichung davon auch in Ordnung geht.** Strafen hingegen machen deutlich, dass das Zielverhalten verpflichtend ist. Darüber hinaus sind selbst weitreichende Anreizsysteme manchmal nicht ausreichend, um große Veränderung zu erzeugen, da man damit meist nur eine spezifische Gruppe erreicht. Strafen hingegen gelten für die gesamte Bevölkerung und haben damit größeres Potenzial, schneller eine breite Verhaltensänderung zu erzeugen. Nehmen wir den Fahrradhelm als Beispiel. Dieser ist für erwachsene Radfahrende empfohlen, aber nicht Pflicht. Weshalb sich immer noch einige davor scheuen, ihn zu verwenden, um nicht „komisch" auszusehen oder sich die Frisur zu zerstören, obwohl er Leben retten könnte. Wählt man ein Motorrad oder Moped als bevorzugtes Verkehrsmittel, gilt eine Helmpflicht. Ein Blick auf die Straßen verrät auch, dass sich so gut wie jede und jeder daran hält. Eine Verpflichtung hat also weiter gegriffen als das Setzen auf freiwilliges Verhalten. Wobei Verhaltensänderungen auch über andere Wege initiiert werden können. Vergleicht man das Bild von Skipisten von vor 15 Jahren und heute, sticht einem ins Auge, dass nun so gut wie alle einen Helm tragen. Das hat mit einem gesteigerten Bewusstsein für das Risiko, aber auch Ereignissen wie zum Beispiel dem tragischen Skiunfall von Michael Schuhmacher im Dezember 2013 zu tun.

Wie sollen die Konsequenzen gestaltet werden?

Spricht man von externen Verhaltenskonsequenzen wie Anreizen oder Verpflichtungen, kommen einem zuerst oft finanzielle Folgen in den Sinn. Dieses Bild spiegelt sich auch bei EntscheidungsträgerInnen wider, die häufig auf Steuervergünstigungen,

Förderungen, finanzielle Unterstützungen, aber auch Geldstrafen setzen, um das Ausmaß an ökologischem Verhalten in der Bevölkerung voranzutreiben.

Auch wenn dies Vorteile mit sich bringt, sollte ein Gefahrenpotenzial mitgedacht werden. Das lässt sich gut am Beispiel einer Kinderbetreuungsstätte im israelischen Haifa demonstrieren.[95] Dort stand das Betreuungspersonal vor der Herausforderung, dass es bei manchen Eltern Usus geworden war, ihre Kinder zu spät abzuholen. Die Einführung einer Strafe von rund zwei Euro pro verspätete zehn Minuten sollte Abhilfe schaffen. Diese finanzielle Intervention hatte jedoch einen unerwünschten gegenteiligen Effekt. Es kamen noch mehr Eltern zu spät als davor. Warum? Die Forscher argumentieren, dass die Strafe zu einer Neubewertung des Verhaltens geführt hat. Zuvor galt es als moralisch falsch, mit der Strafe konnten sie sich jedoch gefühlt das Recht, zu spät zu kommen, gewissermaßen „erkaufen" – ihr moralisches Fehlverhalten also finanziell kompensieren. Spielt Geld plötzlich eine Rolle im Entscheidungsprozess, überwiegen möglicherweise nicht mehr die moralischen Überlegungen, sondern der Geschäftssinn. **Der Einsatz von externen finanziellen Konsequenzen kann die persönliche moralische Verpflichtung beeinflussen beziehungsweise sogar noch untergraben.** Paradoxerweise bewirkt so der Einsatz von finanziellen Strategien zur Förderung eines Verhaltens möglicherweise das Gegenteil, nämlich wie in der Kinderbetreuungsstätte eine Abnahme des gewünschten Verhaltens. Dieser Aspekt ist besonders zentral, wenn moralische Überlegungen – wie es häufig bei umweltfreundlichen Verhaltensweisen der Fall ist – ein hoher Motivator sind. Wie kann dieser unerwünschte Nebeneffekt unterbunden werden?

Eine wichtige Rolle nimmt die Art und Weise ein, wie über die Einführung der externen finanziellen Konsequenz kommuniziert wird. Wie bereits dargestellt, birgt die Arbeit mit einer finanziellen externen Konsequenz die Gefahr, bei Personen einen Art Geschäftsmodus zu aktivieren. Nach dem Motto „Was schaut für mich raus" werden dann die Vor- und Nachteile abgewogen und der moralische Antrieb „das Richtige tun" gerät ins Hintertreffen.

Dem kann entgegengewirkt werden, indem monetäre Anreize und Strafen als Unterstützung für umweltfreundliche Handlungen kommuniziert werden. Anstatt bei Förderungen für die Anschaffung von Heizsystemen, die mit erneuerbaren Energien betrieben werden, an das ökonomische Eigeninteresse zu appellieren, kann dieser Anreiz als Anerkennung für umweltfreundlich handelnde Personen präsentiert werden.

Des Weiteren ist es empfehlenswert, auch nichtmonetäre Konsequenzen mitzudenken. Dazu zählen Lob, generelle Vorteile oder öffentliche Anerkennung – oder schlicht, dass man sich besser fühlt. Diese lassen sich natürlich schwieriger großflächig ausrollen als finanzielle Anreize oder Strafen. Trotzdem gibt es schon gut untersuchte Möglichkeiten: Denken Sie beispielsweise nochmal an das Kapitel 7, Soziale Normen. Dort wurde eine Studie vorgestellt, in der ein Smiley (= eine Form von Anerkennung) Personen dazu motiviert hat, weiterhin einen niedrigen Haushaltsenergieverbrauch beizubehalten. Hier könnten zum Beispiel Sticker oder Pins zum Einsatz kommen, die im Alltag an die klimafreundlichen Handlungen erinnern und durch den Belohnungseffekt motivieren. Auch die sogenannten „carpool lanes" in den USA sind ein Beispiel für nichtmonetäre Anreize. Darunter versteht man eine eigene Fahrspur für Autos mit mindestens zwei InsassInnen. Hier werden zwei Fliegen mit einer Klappe geschlagen: Durch die Nutzung dieser Fahrspur kommt man meist schneller ans Ziel als in der oft verstopften Spur mit den von Einzelpersonen besetzten motorisierten Vehikeln, und Fahrgemeinschaften sind weniger schädlich für die Umwelt, als wenn jede Person ihr eigenes Auto nimmt. Auch wenn der Ansatz des Einsatzes von nichtmonetären Konsequenzen noch wenig Beachtung findet, birgt er aus Sicht der Umweltpsychologie Potenzial.

KAPITEL 13

Von Nay zu Yay: Wie kommt es zur Veränderung?

Wieder mal darf ich Sie bitten, in sich zu gehen und sich Gedanken zu Ihrem eigenen Verhalten zu machen:

Welche der folgenden Aussagen beschreibt am besten das Ausmaß Ihrer Autonutzung im Alltag und Ihre Einstellung dazu? Bitte wählen Sie **ein Statement** *aus, das Ihre aktuelle Situation am besten beschreibt, und kreuzen Sie dieses an.*

1. **Im Moment nutze ich für fast alle Wege das Auto. Ich bin zufrieden mit meiner aktuellen Situation und sehe keinen Grund, meine Autonutzung zu reduzieren.**

2. **Im Moment nutze ich noch immer für fast alle Wege das Auto. Ich würde meine Autonutzung gerne reduzieren, aber im Moment ist dies für mich nicht möglich.**

3. Im Moment nutze ich für fast alle Wege das Auto. Ich bin gerade am Überlegen, wie ich für ein paar dieser Fahrten auf andere Möglichkeiten umsteigen kann. Aber im Moment bin ich mir unsicher darüber, wie ich diese Autofahrten ersetzen kann und wann ich das tun soll.

4. Im Moment nutze ich für fast alle Wege das Auto, aber ich würde mein Ausmaß an Autonutzung gerne reduzieren. Ich weiß bereits, welche Wege ich reduzieren kann und auf welche Mobilitätsalternativen ich dafür umsteige, aber bis jetzt habe ich diese Pläne noch nicht umgesetzt.

5. Da mir die negativen Auswirkungen, die mit der Autonutzung einhergehen, bewusst sind, versuche ich bereits jetzt, so oft wie möglich Alternativen zu nutzen. Ich werde im nächsten Monat mein bereits sehr geringes Level an Autonutzung beibehalten oder sogar noch reduzieren.

6. Ich besitze bzw. habe keinen Zugang zu einem Auto. Darum ist mein Ausmaß an Autonutzung im Moment kein relevantes Thema für mich.

Haben Sie ihre Auswahl getroffen? Die Erkenntnisse, die diese Aussagen mit sich bringen, beleuchten wir etwas später. Aber keine Sorge – wieder mal gibt es nicht Ihre gesamte Persönlichkeit preis. ☺

Wie kommt es zu Veränderungen?

Einen sehr detaillierten Einblick in Veränderungsprozesse bietet das „Stufenmodell selbstregulierter Verhaltensänderung".[96] Ich gebe zu, es gibt ansprechendere Namen für Modelle. Der Inhalt ist aber spannender, als der Name vermuten lässt. Versprochen! Es beschäftigt sich mit umweltfreundlichen Verhaltensänderungen, die bewusst und freiwillig getroffen werden. Diese laufen als Prozess ab, bei dem eine Person vier unterschiedliche Phasen durchlebt. Je weiter fortgeschritten sie in den Phasen ist, desto höher ist auch die persönliche Bereitschaft für eine Verhaltensänderung.

Werfen wir einen genaueren Blick auf jede dieser Phasen am Beispiel von Malina. Malina kauft im Moment sehr viel online ein. Gerne auch bei gängigen Versandriesen. Abends setzt sie sich fast schon automatisch vor ihr Tablet und durchsucht die unterschiedlichen Seiten. Oft wandern auch Dinge in den Warenkorb, die sie eigentlich gar nicht braucht. Diese vermotten dann, ohne jemals getragen zu werden, in der Ecke ihres Kleiderschrankes oder werden prompt zurückgeschickt. Ist ja kein Problem, da ja für die Retouren keine Kosten anfallen! Oder?

Entscheidungsphase oder: Kann es sein, dass etwas nicht passt?

Kommt ein Veränderungsprozess ins Rollen, startet Malina in der Entscheidungsphase. In dieser beginnt sie punktuell, ihr aktuelles Verhalten bewusst zu reflektieren. Der Anstoß dazu kommt unter anderem durch Berichte in den Medien oder Gespräche mit Menschen aus dem Umfeld, die ihr die negativen Folgen für Mensch und Natur von Onlineshopping im großen Stil ins Bewusstsein führen. Zum einem stolperte sie bei Youtube zufällig über eine Dokumentation, die die weitreichenden Auswirkungen der „Ich bestelle mal alle Varianten und schicke dann den Großteil zurück"-Mentalität aufzeigt. Am meisten schockierte sie, dass große

Plattformen ihre Retouren oft vernichten – eine große Ressourcenverschwendung. Als neulich eine Freundin zum Abendessen vorbeischaute und ihren Stapel an Versandkartons sah, bemerkte diese, dass das kleine Buchgeschäft ihrer Tante schließen musste. Es konnte leider mit den unrealistischen Preisen des Onlineversands nicht mehr mithalten. Malina war anfänglich entsetzt über die Machenschaft der großen Konzerne, bemerkte dann aber, dass auch sie mit ihrem Onlineshopping-Verhalten zu dem Problem beiträgt. Zum ersten Mal empfindet sie für ihr Verhalten negative Emotionen wie Schuld. Mit dem wachsenden Verantwortungsgefühl kommt es zu mehr Bedenken, was wichtige Bezugspersonen vielleicht über sie denken. Die wahrgenommene Diskrepanz zwischen dem gewünschten Zustand und dem aktuellen Verhalten wird immer größer und führt zu einer stärkeren Verpflichtung, ihr Verhalten zu verändern. Damit einher gehen auch die Erwartungen der positiven Emotionen, die sie wahrscheinlich empfindet, wenn sie es tatsächlich geschafft hat, den gewünschten Zustand zu erreichen. Diese Emotionen können zum Beispiel in Form von Stolz oder Zufriedenheit auftreten. Da das Verpflichtungsgefühl und die erwarteten positiven Emotionen hoch sind und Malina den Eindruck hat, dass sie ihr Verhalten ändern kann, formt sie eine Zielintention: „Ich werde mein (Online-)Einkaufsverhalten verändern." Dies ist der Startschuss für die zweite Phase.

Nachdenkphase oder: Wie finde ich das eigentlich?

Der Name verrät bereits, was in dieser Phase passiert. Genau – nachdenken. Konkret beschäftigt sich Malina damit, inwieweit es für sie überhaupt möglich ist, die neue Verhaltensweise in ihren Alltag zu integrieren. In der Psychologie nennt man das auch wahrgenommene Verhaltenskontrolle. Dieser Begriff kommt Ihnen bekannt vor? Genau, er spielte auch schon bei der „Theorie des geplanten Verhaltens" in Kapitel 9 eine Rolle.

Malina fragt sich auch, welche persönlichen Konsequenzen die neue Art des Einkaufens mit sich bringt und wie sie diese eigentlich findet. Es werden die Vor- und Nachteile abgewogen. Es benötigt sicherlich mehr Zeit als der Einkauf mit einem Klick. Jedoch bleibt ihr durch die Reduktion von Impulskäufen mehr Geld und sie trägt mit ihrem Verhalten nicht mehr zu den negativen Umweltkonsequenzen bei. Merkt sie, dass sie eine positive Einstellung gegenüber der geplanten Veränderung mitbringt und diese sich tatsächlich umsetzen lässt, also die Vorteile überwiegen, entwickelt sie eine Verhaltensintention: „Ich werde zukünftig die Dinge entweder vor Ort oder bei kleinen Onlineshops, nicht mehr bei Versandriesen, einkaufen." Das bereitet den Nährboden für die dritte Phase.

Umsetzphase oder: Los geht's!

Jetzt geht's ans Eingemachte. Kurz vor der Zielgerade müssen noch Vorbereitungen getroffen werden, damit die Intention auch tatsächlich zum Verhalten wird. Konkret in Form von Plänen darüber, wann und wie gehandelt werden soll, damit man das gewünschte Ziel erreicht. In dieser Phase sind Malinas kognitive Planungsfähigkeiten und ihr Umgang mit potenziellen Umsetzungsschwierigkeiten gefragt. Schlussendlich wird eine Umsetzungsintention gefasst: Wenn ich etwas kaufen möchte, frage ich mich zuerst, ob ich es wirklich brauche. Falls ja, überlege ich, in welchem Geschäft in meinem Wohnort ich es bekomme oder welcher „lokaler" Onlinestore es anbietet. Ich suche mir dafür eine Liste mit heimischen Onlineshops raus, bei denen dahinter ein „echter" Laden steht. Diese Vorbereitungen führen dazu, dass sie schlussendlich das gewünschte Verhalten zeigt.

Verfestigungsphase oder: Ich bleibe dran!

In der letzten Phase wird das Zielverhalten gefestigt. Damit es nicht eine Eintagsfliege bleibt, sondern idealerweise vielleicht sogar zu einem Gewohnheitsverhalten im Alltag wird. Dafür benötigt Malina die Fähigkeit, mit den negativen Aspekten des neuen Verhaltens umzugehen und möglichen Versuchungen zu widerstehen. Sollte es doch mal zu einem Rückfall in die alte Verhaltensweise kommen, da es zum Beispiel einen besonders hohen Rabatt gab, braucht sie die Möglichkeit, sich wieder selbst zu motivieren, damit sie nicht in die Ausredenfalle à la „Jetzt ist es eh schon egal!" tappt.

Der große Vorteil dieses Modells ist der detaillierte Einblick in den Veränderungsprozess, der auch einen guten Ansatzpunkt für systematische Interventionen bietet. Anstatt nach dem Gießkannenprinzip eine Strategie für alle zu entwickeln, kann man auf die spezifischen Bedürfnisse der Personen in einer jeden Phase eingehen. Das bringt mich nun zu der Anfangsfrage. Bitte rufen Sie sich wieder Ihre Antwort in Erinnerung. Welche Ziffer steht vor Ihrer Antwort? Entnehmen Sie aus der folgenden Tabelle, in welcher Phase Sie sich befinden.

1 & 2. Entscheidungsphase

3. Nachdenkphase

4. Umsetzphase

5. Verfestigungsphase

6. Verhaltensänderungen haben keine Relevanz

Befinden Sie sich in der **Entscheidungsphase** des Veränderungsprozesses? Dann werden Informationen zum Beispiel auch in Form von Dokumentationen oder Büchern empfohlen, die das Problembewusstsein schärfen und das wahrgenommene persönliche Verantwortungsgefühl erhöhen. Wussten Sie, dass der motorisierte fossilbetriebene Individualverkehr in Österreich einer der größten Verursacher von CO_2 ist und somit einer der Haupttreiber des Klimawandels?

Sie finden sich in der **Nachdenkphase** wieder? Dann unterstützen konkrete Informationen über die einzelnen Handlungsalternativen sowie die Vor- und Nachteile von diesen. Welche Fahrten machen Sie zum Großteil im Alltag? Welche können Sie miteinander kombinieren? Welche können Sie reduzieren, wenn Sie zum Beispiel mehr zu Fuß gehen oder andere Fortbewegungsmöglichkeiten wählen?

Die **Umsetzphase** spiegelt am ehesten Ihren Zugang zur Autonutzung wider? Dann profitieren Sie wohl am meisten von Unterstützung dabei, dass aus dem Willen allmählich auch ein Tun wird. Konkret kann dies in Form von einem detaillierten Plan sein, der Ihren Alltag widerspiegelt. Denken Sie an die Fahrten, bei denen Sie noch immer das Auto nutzen. Können diese durch andere Mobilitätsvarianten ersetzt werden?

Sie sind bereits in der **Verfestigungsphase** angelangt oder das Thema Autonutzung ist für Sie kein Thema, da Sie keines besitzen? Gratuliere! Dann sind Sie schon einen großen Schritt näher an einem klimafreundlichen Leben.

14 Wer gewinnt:
Umweltschweinehund vs. SuperheldInnen

In den letzten Kapiteln sind wir gemeinsam aus umweltpsychologischer Sicht der Frage nachgegangen, warum wir es nicht einfach machen und was es braucht, dass wir es dann doch machen. Rekapitulieren wir noch einmal die zentralsten Punkte: Der Umweltschweinehund fährt ziemlich heftige Geschütze auf. Er schafft es, uns in allen möglichen und unmöglichen Situationen zu überraschen und davon zu überzeugen, dass sein (umweltschädigender)

Weg der bessere ist. Dabei geht er geschickt vor und tritt in verschiedenen Rollen auf. Aber nicht nur das! Er hat sich eine Reihe von Unterstützerinnen gesucht, die ihm voll Vertrauen zur Seite stehen, die ihn damit zu einer fast unzerstörbaren Einheit machen. Zu den engsten Verbündeten des Umweltschweinehundes zählen:

Die Kognitive Dissonanz

KAPITEL 5

Beobachtet man eine andere Person beim Ausführen eines nachhaltigen Verhaltens, das man – trotz besseren Wissens – selbst (noch) nicht in den eigenen Alltag integriert hat, kann dies einen inneren Konflikt auslösen. **Diese Diskrepanz zwischen der eigenen Einstellung und dem tatsächlichen Handeln und das daraus resultierende ungute Gefühl bezeichnet man in der Psychologie als Kognitive Dissonanz.** Der Konflikt kann entweder dadurch aufgelöst werden, dass der Lebensstil der eigenen Einstellung („eigentlich bin ich umweltfreundlich") angepasst wird und das nachhaltige Verhalten zukünftig ausgeführt wird. Alternativ kann auch die Quelle, die den Konflikt auslöst (z. B. Greta Thunberg), heruntergespielt werden („Welches Recht hat sie, mir was vorzuschreiben?", „Der Hype um die Person Greta nervt!") und ihr die Legitimation genommen werden („Aha! Uns einen Vorwurf machen und selbst Plastiksachen kaufen!"). So kann man ohne unangenehmes Gefühl im Alltag weitermachen und muss gar nichts verändern.

Hohe egoistische und hedonistische Werte

KAPITEL 6

Im Zusammenhang mit einem nachhaltigen Lebensstil haben sich vier Werteinstellungen als zentral erwiesen: 1. hedonistische (eigenes Vergnügen steht im Mittelpunkt), 2. egoistische (eigener Machterhalt steht im Mittelpunkt), 3. altruistische (das Wohl der Mitmenschen steht im Mittelpunkt) und schließlich 4. biospährische (das Wohl der Natur steht im Mittelpunkt). Personen mit einer starken hedonistischen oder egoistischen Ausprägung haben häufig eine geringere Bereitschaft zu umweltfreundlichen Verhaltensweisen. Dies liegt daran, dass nachhaltige Handlungen auf den ersten Blick oft als Einschränkungen, finanzieller Aufwand oder Verzicht von Vergnügen wahrgenommen werden. Also genau konträr zu den Dingen stehen, die diesen Personen wichtig sind. Altruistisch und biosphärisch eingestellte Personen hingegen setzen umweltfreundliche Handlungen im Vergleich dazu eher in ihrem Alltag um, da sie genau bei den ihnen wichtigen Faktoren anknüpfen.

Der Ansatz, umweltfreundliches Verhalten durch finanzielle Impulse attraktiver zu gestalten und somit auch Personen mit stärkeren egoistischen Werten anzusprechen, kann jedoch sogar zum gegenteiligen Effekt führen. Insbesondere dann, wenn die Anreize nicht hoch genug sind, nicht bei einmaligen Handlungen (z. B. Anschaffung eines Elektroautos), sondern sich wiederholenden Alltagshandlungen (z. B. Energieverbrauch im Haushalt) ansetzen und nach einem gewissen Zeitraum wegfallen (z. B. kurzzeitiger Bonus bei Energiekosten).

KAPITEL 7 Mitmenschen, für die nicht nachhaltiges Verhalten normal ist

Soziale Normen, also ungeschriebene Gesetze und Verhaltensrichtlinien in unserer Umgebung, haben einen beträchtlichen Einfluss auf unser Verhalten. Hier zur Erinnerung einige Beispiele: Werden Personen darüber informiert, dass andere Hotelgäste ihre Handtücher nochmals verwenden, tun sie dies auch; bekommen sie vor Augen geführt, dass ihr eigener Energieverbrauch höher ist als der der Nachbarschaft, führt dies zu einer Reduktion.

Der Effekt zeigt sich aber auch in die andere Richtung. Ein Hinweis darauf, dass andere beispielsweise verbotenerweise einen Stein aus dem Nationalpark mitnehmen, verstärkte dieses Verhalten; beobachten Personen Normüberschreitungen von anderen, die beispielsweise ihren Müll einfach in die Umgebung werfen oder Graffiti an der Wand anbringen, sind sie auch selbst eher gewillt, eine gesellschaftlich erwünschte Norm zu übertreten, und nehmen einen Geldumschlag mit oder lassen einen unerwünschten Flyer einfach auf den Boden fallen.

Weist man Personen auf das umweltschädigende Verhalten ihres Umfeldes hin, verstärkt sich dieses eher. **In einer Gesellschaft, in der zum Großteil nicht die umweltfreundlichen Verhaltensweisen die Norm sind, stellt dies eine große Herausforderung dar.** Eine Möglichkeit, aus diesem Dilemma rauszukommen, ist, sich diesen oft unbewussten Einfluss zu verdeutlichen. Lasse ich mich eher dazu hinreißen, auch das Auto zu nehmen, wenn es meine Freudinnen ebenfalls machen? Reduziert es mein schlechtes Gewissen, wenn ich mich beim Mittagsbuffet für das Schnitzel entscheide und merke, dass dies auch die präferierte Wahl vom Großteil meines Kollegiums war?

Der Einfluss kann auch unterstützend wirken, indem man sich positive Umwelttrends vor Augen führt (im Sinne von: immer mehr Personen reduzieren ihren Fleischkonsum und ernähren sich vegetarisch oder vegan; der Anteil von elektrisch betriebenen unter den neu zugelassenen Autos nimmt stetig zu etc.). So werden die sozialen Normen von der besten Freundin zur besten Feindin des Umweltschweinehundes.

Umweltschädigende Gewohnheiten im Alltag

Beim Einkaufen greift man automatisch zu der Kaffeemarke, die man immer nimmt – ohne die Bio- bzw. fair gehandelte Option zu berücksichtigen. Wird ein Buch benötigt, scheint der Griff zum Handy und der Kauf bei einem der Online-Versandriesen schon fast wie automatisch abzulaufen – und der lokale Buchhandel vor Ort rückt gedanklich in weite Ferne. Beim Grillen im Freien landen die Glasgetränkeflaschen im allgemeinen Müll, anstatt sie zum Recyclingcontainer zu bringen. Raucht man schnell eine Zigarette zwischen zwei Terminen, wird sie hektisch am Bordstein ausgetreten und landet somit in der Natur und im Grundwasser. Ohne dass dabei berücksichtigt wird, dass eine Zigarette rund 40 Liter Wasser verunreinigt und der Filter meist Mikroplastik beinhaltet.

Viele unserer weniger umweltfreundlichen Alltagshandlungen sind Gewohnheiten. Darunter versteht man Verhalten, das häufig in derselben räumlichen Situation sowie automatisch abläuft und zum gewünschten Ziel führt. Gewohnheiten lassen sich nur schwer ändern, das kennen wir alle. Nicht umsonst halten die wenigsten Neujahrsvorsätze kaum jemals bis zum Februar. Ein neuer Lebensabschnitt aber, wie beispielsweise ein Wohnungswechsel, ein neuer Job oder auch der Antritt des Ruhestands, bietet Zeitfenster, in denen Ansätze für Gewohnheitsänderungen stärker greifen. Das sind wertvolle Chancen, die genutzt werden wollen. Aber keine Sorge, man muss nicht auf solche großen Lebensereignisse warten, um tatsächlich zu starten.

KAPITEL 9   Das Zusammenspiel ungünstiger Faktoren

Es gibt einige Modelle, die das Auftreten von (nicht-)umweltfreundlichen Verhaltensweisen erklären, berücksichtigt wird dabei häufig das Zusammenspiel unterschiedlicher Faktoren. Laut der *Theorie des geplanten Verhaltens* ist der innere Umweltschweinehund genau dann am stärksten, wenn eine Person eine positive Einstellung dem umweltschädigenden Verhalten gegenüber hat und davon ausgeht, dass es ihr Umfeld befürwortet und sie sich also auch nicht bemüßigt fühlt, ihr Verhalten zu hinterfragen, geschweige es zu ändern.

Das Norm-Aktivierungsmodell (NAM) sieht die Ursache für eine geringe Bereitschaft zu einem zukunftsfreundlichen Lebensstil im geringen Problembewusstsein, einem geringen Gefühl an Verantwortlichkeit für die problematische Situation, einer geringen Handlungswirksamkeit und einer geringen Einschätzung der Fähigkeit, die geeigneten Maßnahmen setzen zu können. Dies führt wiederum zu einer geringen inneren Verpflichtung, das Verhalten zeigen zu müssen, und folglich auch dazu, dass die Person nicht umweltfreundlich handelt. Wieder mal gewinnt der Umweltschweinehund!

Die Werte-Überzeugungs-Theorie spannt vor die Annahmen des NAM noch die Rolle der persönlichen Werteinstellungen und der individuellen ökologischen Weltanschauung.

Besitz als Status

Menschen sehen sich per se gerne als rational handelnde Wesen. Der Antrieb, warum wir in einer Verhaltensweise verharren, hat meist weniger rationale Gründe. Das gilt auch für unser mitunter wenig umweltfreundliches Tun, das auch negative Auswirkungen auf künftige Generationen hat. Zum einem gibt es symbolische Beweggründe: Ist zum Beispiel das Auto oder die Rolle als Autofahrende ein wichtiger Teil des Selbst, werden Aktionen zur Reduktion der Nutzung eher als Angriff und als Hürde gesehen und heruntergespielt. Vielleicht ist in der Gruppe, der man sich zugehörig fühlt, auch der Besitz einer bestimmten Automarke oder anderer Besitztümern wichtig. Aber auch emotionale Gründe spielen eine starke Rolle: Wenn ich mich für das Verhalten, das es eigentlich zu ändern gilt, schlicht und einfach zu gut fühle, wird es schwierig, es zu ändern. Und wieder Mal zeigt sich deutlich, dass Menschen sehr weit davon entfernt sind, rational zu sein oder zu agieren.

Es ist entmutigend ...

Sie sehen, der Umweltschweinehund hat so einige Tricks auf Lager, die eine Umsetzung von dem, was wir eigentlich wissen, ganz schön herausfordernd gestalten. Dadurch, dass diese Mechanismen oft schon jahrzehntelang ihren Einfluss walten lassen konnten, haben sie sich gefestigt. Außerdem ist es schlicht und ergreifend menschlich, eben nicht alles rational zu begründen und danach zu handeln. Im Umgang mit der globalen Umweltverschmutzung und Klimakrise stellt dies jedoch eine Herausforderung dar. **Der erste hilfreiche Schritt ist es, sich die Wirkungskraft der aufgezählten Faktoren auf das eigene Handeln bewusst zu machen.**

Für mich war es zum Beispiel lange eine große Herausforderung, Bekleidung nicht in konventionellen Geschäften zu kaufen, da es mir große Freude gemacht hat, mich nach den aktuellen Trends zu kleiden. Hier hatte der Schweinehund jahrelang leichtes Spiel mit mir, da ich zum einen in meinem Umfeld beobachtet hatte, dass es ja „normal" ist, die diversen Läden der Haupteinkaufsstraßen einer jeden Stadt regelmäßig zu besuchen (soziale Normen). Außerdem hatte es sich zur Gewohnheit etabliert, nach großen Anstrengungen wie zum Beispiel schwierigen Prüfungen „als Belohnung" durch die Shops zu schlendern und sich das eine oder andere (natürlich nicht ökologisch oder fair gefertigte Teil) zu „gönnen".

„It's so easy!" Das war einer der Titelvorschläge für dieses Buch beim gemeinsamen Brainstorming mit dem Verlag. „Nein, leider wirklich nicht!" war meine erste Reaktion. „Das ist ja genau das Problem! Es ist alles andere als einfach!" Wir haben in vielen Bereichen das Wissen und die grünen Handlungsmöglichkeiten, trotzdem scheint das Verharren am bisherigen, breit ausgetrampelten Weg oft verlockender als das Erkunden neuer Pfade.

Warum das so ist, wurde im Laufe des Buches bereits ausführlich besprochen. Nun möchte ich kurz thematisieren, was das mit uns macht. Es entmutigt!

Es ist entmutigend, wenn wir voll Motivation ans Werk gehen, unterschiedliche Verhaltensweisen mit doch einer gewissen Anstrengung ändern und das Umfeld nahezu gleich bleibt – wenn scheinbar keine Vorbildwirkung und kein Vorleben ankommt und ein Umdenken anstößt.

Es ist entmutigend, wenn man den Eindruck hat, dass der Anteil derjenigen, die den Umfang der Klimakrise und vor allem die damit verbundenen Konsequenzen begreifen, ein verschwindend geringer ist.

Es ist entmutigend, wenn in der Politik wieder mal die Interessen der großen Lobbys stärker berücksichtigt werden und versucht wird, den Status quo, der uns ja erst in diese Misere geführt hat, zu erhalten. Wenn die wichtigsten nationalen und internationalen EntscheidungsträgerInnen einen ambitionierten Fahrplan im Umgang mit der Klimakrise als „nice to have" und weniger als Notwendigkeit empfinden.

Es ist entmutigend, wenn eine für die Umwelt und das Klima engagierte Person ins Kreuzfeuer der Kritik gerät, weil ihr Lebensstil nicht „perfekt" ist. Wenn schier unerreichbare Maßstäbe angesetzt werden und es einfacher scheint, es gleich bleiben zu lassen.

Es ist entmutigend, wenn in Medien die Negativnachrichten wie ein mächtiger Wasserfall auf einen einprasseln und gnadenlos immer weitere Bereiche aufgezeigt werden, die problematisch sind und geändert werden sollten. Wenn man sich bei der Frage ertappt: „Was darf ich eigentlich noch?" und sich eingestehen muss, dass man insgeheim hofft, eine Weile nicht mit weiteren Hiobsbotschaften konfrontiert zu werden.

Es ist entmutigend, wenn man die Situation selbst differenziert betrachtet und die vielen Herausforderungen sieht, und Personen, die mit scheinbar einfachen Antworten kommen, Gehör und Applaus finden und meinen, dass es ja so einfach sei, man müsse nur machen.

Aber wie? Wie schaut dieses „nur machen" aus? Denn die Gesellschaft scheint dann doch irgendwie stärker im Status quo zu verharren als auf Veränderungsmodus zu stehen. Es zählen die Bemühungen von jeder und jedem Einzelnen. Sie sind unumgänglich, wenn wir weiterhin in einer intakten und lebenswerten Umwelt leben möchten und diese für unsere Kinder und Enkelkinder gewährleisten möchten. Doch ist es auch keine nachhaltige Lösung (für das eigene Wohlbefinden), einen fast unerreichbaren Anspruch anzulegen, der zu täglichen Frustrationserlebnissen führt. Diese sind Wind in den Segeln des Umweltschweinehundes. Die negativen Erlebnisse des scheinbaren Versagens bieten den perfekten Nährboden für ihn, Ausreden zu säen, die schlussendlich häufig im Beschluss resultieren, es lieber gleich bleiben zu lassen. Doch zum Glück haben wir Unterstützung zur Seite, die es uns leichter macht, der Versuchung des umweltschädigenden Lebensstils die Stirn zu bieten. Ich präsentiere: die UmweltsuperheldInnen.

KAPITEL 10 Positive Konsequenzen von umweltfreundlichem Verhalten

Die positiven Konsequenzen sind ein zweischneidiges Schwert. Was dem Umweltschweinehund in die Hände spielt, wenn Personen vor allem Freude an umweltschädigenden Handlungen empfinden, hält ihn auf der anderen Seite in Schach. Falls das Ausführen von grünen, zukunftsfreundlichen Handlungen Freude und positive Gefühle mit sich bringt und man dadurch subjektiv oder auch objektiv einen Vorteil fürs eigene Leben sieht. Wenn man beispielsweise durch das gezielte Einkaufen keine Lebensmittel mehr wegwerfen muss, sondern alles zu köstlichen Gerichten verarbeitet, die einem unglaublich gut schmecken, bereitet diese umweltfreundliche Alltagshandlung subjektiv einen Vorteil, aber auch objektiv durch die eingesparten Haushaltskosten. Diese Anreize können in natürlicher Form, also aus der inneren Motivation einer Person heraus, auftreten wie der Genuss durch selbstgekochtes Essen mit hochwertigen Lebensmitteln. Oder sie können als externe Konsequenzen unterstützend ergänzt werden, zum Beispiel in Form von finanziellen Vorteilen, indem möglicherweise die Kosten für die Entsorgung von Lebensmitteln angehoben werden.

Unterstützende Strategien zur Förderung eines grünen Lebensstils

Die positiven Konsequenzen, die man durch einen klimafreundlichen Lebensstil erlebt, sind die in allen Situationen essenziellen Partnerinnen, wenn es darum geht, dem Umweltschweinehund Paroli zu bieten. Je nachdem, um welche Auseinandersetzung es sich handelt, steht darüber hinaus noch ein ganzes Team an Unterstützenden zur Seite:

→ Bringt das zu fördernde umweltfreundliche Verhalten viele Vorteile für die Person, aber wenig Barrieren mit sich (erinnern wir uns: der Jackpot!), schickt man am besten die Strategien Informationsvermittlung, Feedback, Hinweisreize und Kognitive Dissonanz los.

→ Bei vielen Vorteilen, aber auch herausfordernden Verhaltensbarrieren, wird empfohlen, auf den Ansatz von Zielsetzung, Mach-es-leicht und Versprechen zu setzen.

→ Herausfordernder wird es, wenn es für das Ausführen eines umweltfreundlichen Verhaltens zwar geringe Barrieren gibt, aber auch wenig Vorteile winken. Hier empfiehlt es sich, die Truppe der sozialen Nomen und Vorbilder zu Hilfe zu holen, um dem Umweltschweinehund seine Grenzen aufzuzeigen.

→ Am schwierigsten ist es, wenn für das Ausführen einer zukunftsfreundlichen Handlung im Alltag viele Hürden überwunden werden müssen, aber kaum Vorteile winken. Doch selbst solche Fälle sind nicht aussichtslos! Wir können die Auseinandersetzung gewinnen, wenn wir zum Beispiel Seite an Seite mit den Strategien der Wettbewerbe und Anreize in den Ring steigen.

11   Hohe Akzeptanz von politischen Maßnahmen

Möchte man den Konsequenzen des menschengemachten Klimawandels umfassend begegnen und sie so weit eindämmen, dass auch noch Nachfolgegenerationen die Möglichkeit einer lebenswerten Zukunft haben, sind politische Rahmenbedingungen einer der wichtigsten Grundpfeiler. National und international. Im November 2021 haben sich rund 200 teilnehmende Länder nach zwei Wochen intensiver Verhandlungen auf der UN-Klimakonferenz in Glasgow zum ersten Mal darauf geeinigt, dass Kohle und andere fossile Energieträger Auslaufmodelle sind. Damit die erwünschten Effekte erzielt werden, ist ein Mittragen der politischen Entscheidungen seitens der Gesellschaft unabdingbar. **Die Akzeptanz für (verpflichtende) politische Maßnahmen stellt somit eine der wichtigsten umweltfreundlichen Handlungen für Individuen dar.** Akzeptanz für eine CO_2-Steuer tritt zum Beispiel dann auf, wenn die Bewertung der drei Faktoren *persönliche Konsequenzen der Maßnahme* (inwieweit bin ich von den Änderungen betroffen, eher negativ oder positiv?), *allgemeine Konsequenzen* (auf welche

Weise sind meine Mitmenschen betroffen?) und *Verteilung dieser Konsequenzen* (wer hat positive und wer hat negative Konsequenzen, sind diese ungleich oder gerecht verteilt?) insgesamt positiv ausfällt.

Selbst anfänglicher Widerstand gegen ein geplantes Umweltgesetz oder eine City-Maut muss nicht in Stein gemeißelt sein. Er kann sich mit der Zeit in Zustimmung wandeln. Insbesondere dann, wenn folgende Rahmenbedingungen eintreten:

→ Personen haben die Möglichkeit, ihre Meinung zu äußern, zum Beispiel in Form einer Volksabstimmung, und erhalten somit ein Mitspracherecht im Entscheidungsprozess.

→ Die positiven Konsequenzen einer verpflichtenden Maßnahme werden spürbar, zum Beispiel indem sich durch die Einführung einer City-Maut die Luftqualität und Lärmsituation in der Stadt verbessern, die Anzahl an Verkehrsstaus abnimmt und sich die Parkplatzsuche durch die reduzierte Autoanzahl vereinfacht.

→ Das führt idealerweise dazu, dass das Ausmaß an positiven Konsequenzen überwiegt, zum Beispiel, indem die generell verbesserte Autosituation in der Innenstadt stärker ins Gewicht fällt als die mit der Maut verbundenen finanziellen Kosten.

Kooperatives Verhalten in einem sozialen Dilemma

Als soziales Dilemma wird eine Situation bezeichnet, in der die Einzelperson durch das Priorisieren des Eigeninteresses den maximalen Vorteil hat, die Gemeinschaft durch dieses Verhalten jedoch einen klaren Nachteil erlebt. Der Klimawandel oder schwerwiegende Umweltverschmutzungen sind klassische soziale Dilemmas. Die Einzelperson hat scheinbar den meisten Nutzen, wenn sie an den umweltschädigenden Alltagshandlungen festhält. Handelt jedoch jeder und jede nach diesem Motto, werden die natürlichen Ressourcen rasch erschöpft sein und die Konsequenzen des Klimawandels werden noch schneller und schädigender eintreten, so dass alle, auch die Einzelperson, einen Nachteil erleben. Unser aller Leben wäre dann beeinträchtigt und wir alle würden die Auswirkungen deutlich zu spüren bekommen.

Ein Ausweg aus diesem Konflikt ist kooperatives Verhalten. Also, dass nicht nur das Eigeninteresse im Vordergrund steht, sondern auch das Wohlergehen der Allgemeinheit mitgedacht wird, was zu länger anhaltenden natürlichen Ressourcen, einer intakteren Natur und geringer ausfallenden Klimawandelkonsequenzen führt und somit auch wiederum ein Vorteil für die Einzelperson ist.

Die Kooperations-HeldInnen, die dem eigeninteressierten Umweltschweinehund in den Hintern treten, lauten: kleinere Gruppen; Kommunikationsmöglichkeiten untereinander; Wahrnehmung, dass das eigene ressourcenschonende Handeln auch die gewünschte Wirkung zeigt; klares Wissen darüber, wie viele Ressourcen noch zur Verteilung übrig sind; Klarheit darüber, dass auch andere kooperativ handeln und man nicht als einzige Person durch die Finger schaut; die vorherrschende soziale Norm, dass es normal ist, wenn wir uns kooperativ verhalten.

KAPITEL 12
Zusammenspiel aus akzeptierten Strafen und unterstützenden Anreizen

Strafen für umweltschädigendes Verhalten bergen im Vergleich zu Anreizen für umweltfreundliches Handeln ein höheres Risiko, Widerstand auszulösen. Dies macht sie aber nicht automatisch zur besten Helferin des Umweltschweinehundes. Im Gegenteil, richtig eingesetzt und implementiert, können sie sich unserem Hauptbösewicht gezielt in den Weg stellen. Warum? Verpflichtungen signalisieren, dass das Verhalten die neue Norm, also das neue „normal" ist. Das ist z. B. der Fall bei der Einführung eines Tempolimits. Dieses zeigt klar, dass es eine verbindliche Tempo-Obergrenze gibt und es verpflichtend ist, sich daran zu halten. Ansonsten drohen Strafen – von hohen Geldsummen bis hin zur Abnahme des Führerscheins oder des Autos. Die Möglichkeit, freiwillig ein Verhalten zu zeigen, das im Einklang mit der Natur und zukünftigen Generationen steht, vermittelt hingegen, dass das Ausführen von diesem wünschenswert ist, aber auch der umweltschädigende Konterpart noch akzeptiert ist. Eine freiwillige 30-km/h-Zone in einer Wohnsiedlung vermittelt, dass das Fahren mit 30 km/h zwar erwünscht ist, aber es (gesetzlich) auch in Ordnung ist, wenn man sich dazu entschließt, schneller zu fahren. Verpflichtende Maßnahmen und Strafen haben somit eine größere Hebelwirkung, da sie mehr Personen und somit großflächigere Verhaltensänderungen erreichen.

Bereitschaft zur Veränderung

Der Umstieg auf einen grünen Lebensstil winkt mit verschiedenen Vorteilen, wie ein höheres subjektives Wohlbefinden, Reduktion des Ressourcenverbrauchs und der Umweltverschmutzung und somit das Erhalten der notwendigen Lebensgrundlage unserer Kinder und Folgegenerationen. Von der ersten Bereitschaft für ein Umdenken bis hin zur Gestaltung des Alltags im Sinne einer lebenswerten Zukunft durchläuft die Person unterschiedliche Veränderungsphasen:

Die **Entscheidungsphase**, in der zum ersten Mal das Bewusstsein auftritt, dass bei einigen aktuell ausgeführten Handlungen insgesamt die negativen die positiven Konsequenzen überwiegen und man selbst dafür verantwortlich ist; die **Nachdenkphase**, in der sich die positive Einstellung gegenüber dem neuen, umweltschonenden Verhalten und die wahrgenommene Möglichkeit, dieses in den Alltag zu integrieren, steigert; die **Umsetzphase**, in der die konkreten Pläne für die Umsetzung der zukunftsfreundlichen Handlung geschmiedet werden; und schließlich die **Verfestigungsphase**, in der aus einem Einmalverhalten eine Gewohnheit wird. Also, dass wir es dann doch einfach machen.

... aber es ist es wert!

Wenn es um die Transformation unserer Gesellschaft und unserer Welt geht, dürfen wir endlich damit aufhören, nur an Verzicht und Anstrengung zu denken. Ich finde es relevant, dass wir uns immer wieder die Frage stellen: Worum geht es eigentlich? Haben wir womöglich vergessen, wie wahnsinnig gut es uns geht? Ich bin an dieser Stelle dann demütig und dankbar, denn ich empfinde es als nicht selbstverständlich, dass die Dinge so geworden sind, wie sie jetzt sind. Und es ist auch nicht selbstverständlich, dass sie einfach so bleiben. Ganz nach Erich Fried: **„Wer will, dass die Welt so bleibt, wie sie ist, der will nicht, dass sie bleibt."** Veränderungen sind herausfordernd und können auch Angst machen. Aber sie bieten zugleich so viele Chancen! So kann es mitunter interessant sein, diese kleinen Veränderungen im Alltag mal zu testen. Vielleicht entdecken Sie ja, dass nachhaltige Mobilität den Sportsgeist in Ihnen weckt, oder Sie entdecken ganz aufregende kulinarische Ideen, wie Sie sich auch klimafreundlich verwirklichen können. Ein zukunftsfreundlicher Lebensstil ist ein Innovationsauftrag an uns, wie wäre es, wenn wir Nachhaltigkeit einfach hochqualitativ gestalten. Stellen Sie sich vor, unsere Smartphones würden lange Zeit einfach nicht kaputtgehen und nicht schon nach zwei Jahren den Geist aufgeben. Ich bin fest davon überzeugt, wir können das gemeinsam schaffen. Wir sind lernende Wesen, wir entwickeln uns weiter. Und damit sollten wir gerade jetzt auf gar keinen Fall aufhören.

Das Repertoire an UmweltsuperheldInnen ist vielseitig. Es gibt nicht *die* eine magische Lösung, die dabei hilft, die Schweinehund-Mechanismen zu überwinden. Jede und jeder von uns hat noch Entwicklungsfelder für einen nachhaltigen Lebensstil. Diese können Schritt für Schritt beleuchtet werden, um den Ausredenfallen auf die Schliche zu kommen. Hier ist es mir noch wichtig zu betonen, dass es in unseren Breitengraden schier unmöglich ist, den perfekten klimaschonenden Lebensstil zu führen. Sei es durch die vorhandene Infrastruktur, die wir ja auch zum Großteil sehr schätzen, die aber auch einen großen Anteil an Ressourcen benötigt (zum Beispiel Krankenhäuser). Oder durch noch fehlende (technische) Möglichkeiten. Hier möchte ich Cornelia Diesenreiter aus ihrem Buch „Nachhaltig gibt's nicht"[97] zitieren, dass es bis dato noch keinen Klebstoff für Etiketten an Einmachgläsern ohne tierische Bestandteile gibt. Also ist streng genommen bei einem veganen Aufstrich der Inhalt, aber nicht die Verpackung vegan. Absurd, oder? Zum Glück leben wir in einer innovativen Gesellschaft und können darauf hoffen bzw. falls es unsere Expertise ist, auch selbst mitwirken, dass möglichst zeitnah neue Möglichkeiten entstehen. Nichtsdestotrotz ist es unsere Verantwortung, zum einen unseren Lebensstil kontinuierlich klimafreundlicher und somit zugleich zukunftsfreundlicher zu gestalten. Zum anderen auch nicht zu streng mit sich oder anderen zu sein und sich zu hart zu geißeln, wenn nicht alle Bereiche gleich auf Anhieb funktionieren.

Und es gibt einen zentralen Aspekt, um den es – eigentlich – geht: Wir retten damit nicht nur unseren Planeten, wir retten damit nicht nur uns selbst, sondern sichern die Lebensgrundlage unserer Kinder und der vielen, die da noch nachkommen werden, und wir verbessern mit Veränderungen auch unsere Lebensqualität.

Also, JA, es ist es wert. Das sind die vielen großen und kleinen Möglichkeiten, die wir beim Schopf packen können, die von uns am Schopf gepackt werden wollen – und die Aktionen werden uns stolz machen und unser Leben etwas besser. Wäre das nicht ein toller Lebensentwurf? Ich finde schon.

Machen wir es doch einfach!

Anhang

Quellen

Empfohlene Literatur

Über die Autorin

Danke

Impressum

Quellen

1   Klimafakten (2018). *Klimawandel: Macht ein halbes Grad wirklich einen Unterschied?* https://www.klimafakten.de/sites/default/files/downloads/klimafakten1komma5grad.pdf

2   Klimafakten (2014). *Eine Welt mit 4 °C Erwärmung – wie sähe sie aus?* https://www.klimafakten.de/sites/default/files/factsheet_wg2VierGradWelt_final.pdf

3   Reitzig, D. (2021, 18.07.2021). *Wie viel Grad Erderhitzung wirst du noch erleben?* Twitter. https://twitter.com/danielreitzig/status/1416669390062379008/photo/1

4   Bolderdijk, J. W., Knockaert, J., Steg, E. M., & Verhoef, E. T. (2011). Effects of pay-as-you-drive vehicle insurance on young drivers' speed choice: Results of a Dutch field experiment. *Accident Analysis & Prevention, 43*(3), 1181–1186. https://doi.org/10.1016/j.aap.2010.12.032

5   LaVoie, N. R., Quick, B. L., Riles, J. M., & Lambert, N. J. (2017). Are graphic cigarette warning labels an effective message strategy? A test of psychological reactance theory and source appraisal. *Communication Research, 44*(3), 416–436. https://doi.org/10.1177/0093650215609669

6   Steg, L., van den Berg, A. E., & De Groot, J. I. M. (2013). Environmental Psychology: History, scope and methods. In L. Steg, A. E. van den Berg, & J. I. M. De Groot (Eds.), *Environmental Psychology: An introduction* (pp. 1–11). John Wiley & Sons.

7   Jonas, E., McGregor, I., Klackl, J., Agroskin, D., Fritsche, I., Holbrook, C., Nash, K., Proulx, T., & Quirin, M. (2014). Threat and defense: From anxiety to approach. In *Advances in Experimental Social Psychology* (Vol. 49, pp. 219–286). Academic Press.

8   Burke, B. L., Martens, A., & Faucher, E. H. (2010). Two decades of terror management theory: A meta-analysis of mortality salience research. *Personality and Social Psychology Review, 14*(2), 155–195. https://doi.org/10.1177/1088868309352321

9   McGregor, H. A., Lieberman, J. D., Greenberg, J., Solomon, S., Arndt, J., Simon, L., & Pyszczynski, T. (1998). Terror management and aggression: evidence that mortality salience motivates aggression against worldview-threatening others. *Journal of Personality and Social Psychology, 74*(3), 590–605. https://doi.org/10.1037//0022-3514.74.3.590

10   Rosenblatt, A., Greenberg, J., Solomon, S., Pyszczynski, T., & Lyon, D. (1989). Evidence for terror management theory: I. The effects of mortality salience on reactions to those who violate or uphold cultural values. *Journal of Personality and Social Psychology, 57*(4), 681–690. https://doi.org/10.1037//0022-3514.57.4.681

11   Uhl, I., Jonas, E., & Klackl, J. (2016). When climate change information causes undesirable side effects: the influence of environmental self-identity and biospheric values on threat responses/Cuando la información sobre el cambio climático tiene efectos indeseados: la influencia de la identidad ambiental y de los valores biosféricos en la respuesta ante una amenaza. *Psyecology, 7*(3), 307–334. https://doi.org/10.1080/21711976.2016.1242228

12   Uhl, I., Klackl, J., Hansen, N., & Jonas, E. (2018). Undesirable effects of threatening climate change information: A cross-cultural study. *Group Processes & Intergroup Relations, 21*(3), 513–529. https://doi.org/10.1177/1368430217735577

13   Kollmuss, A., & Agyeman, J. (2002). Mind the gap: why do people act environmentally and what are the barriers to pro-environmental behavior? *Environmental Education Research, 8*(3), 239–260. https://doi.org/10.1080/13504620220145401

14   Steg, L., & Vlek, C. A. J. (2009). Encouraging pro-environmental behaviour: An integrative review and research agenda. *Journal of Environmental Psychology, 29*(3), 309–317. https://doi.org/10.1016/j.jenvp.2008.10.004

15   Blankenberg, A.-K., & Alhusen, H. (2019). On the determinants of pro-environmental behavior: A literature review and guide for the empirical economist. *cege Discussion Papers, No. 350.* https://www.econstor.eu/bitstream/10419/204821/1/DP350a.pdf

16   Gifford, R., & Nilsson, A. (2014). Personal and social factors that influence pro-environmental concern and behaviour: A review. *International Journal of Psychology, 49*(3), 141–157. https://doi.org/10.1002/ijop.12034

17   Bruderer Enzler, H., & Diekmann, A. (2015). Environmental impact and pro-environmental behavior: Correlations to income and environmental concern. *ETH Zurich Sociology Working Papers, No. 9.* https://doi.org/10.13140/RG.2.1.2831.5602

18   Zorić, J., & Hrovatin, N. (2012). Household willingness to pay for green electricity in Slovenia. *Energy Policy, 47*, 180–187. https://doi.org/10.1016/j.enpol.2012.04.055

19   Lynn, P., & Longhi, S. (2011). Environmental attitudes and behaviour: who cares about climate change? In S. L. McFall & C. Garrington (Eds.), *Understanding society: early findings from the first wave of the UK's household longitudinal study* (pp. 109–116). Institute for Social and Economic Research, University of Essex.

20   McCright, A. M., & Xiao, C. (2014). Gender and environmental concern: Insights from recent work and for future research. *Society & Natural Resources, 27*(10), 1109–1113. https://doi.org/10.1080/08941920.2014.918235

21   Longhi, S. (2013). Individual pro-environmental behaviour in the household context. *ISER Working Paper Series, No. 2013–21*. https://www.econstor.eu/bitstream/10419/91690/1/770556108.pdf

22   Otto, S., & Kaiser, F. G. (2014). Ecological behavior across the lifespan: Why environmentalism increases as people grow older. *Journal of Environmental Psychology, 40*, 331–338. https://doi.org/10.1016/j.jenvp.2014.08.004

23   Lorenzoni, I., Nicholson-Cole, S., & Whitmarsh, L. (2007). Barriers perceived to engaging with climate change among the uk public and their policy implications. *Global Environmental Change, 17*(3–4), 445–459. https://doi.org/10.1016/j.gloenvcha.2007.01.004

24   Zawadzki, S. J., Steg, L., & Bouman, T. (2020). Meta-analytic evidence for a robust and positive association between individuals' pro-environmental behaviors and their subjective wellbeing. *Environmental Research Letters, 15*(12), 123007.

25   Festinger, L. (1957). *A theory of cognitive dissonance* (Vol. 2). Stanford University Press.

26   Schwartz, S. H. (1992). Universals in the content and structure of values: Theoretical advances and empirical tests in 20 countries. In M. P. Zanna (Ed.), *Advances in Experimental Social Psychology* (Vol. 25, pp. 1–65). Academic Press. https://doi.org/10.1016/S0065-2601(08)60281-6

27   Steg, L., Perlaviciute, G., van der Werff, E., & Lurvink, J. (2014). The significance of hedonic values for environmentally relevant attitudes, preferences, and actions. *Environment and Behavior, 46*(2), 163–192. https://doi.org/10.1177/0013916512454730

28   De Groot, J. I. M., & Steg, L. (2008). Value orientations to explain beliefs related to environmental significant behavior: How to measure egoistic, altruistic, and biospheric value orientations. *Environment and Behavior, 40*(3), 330–354. https://doi.org/10.1177/0013916506297831

29 Bolderdijk, J. W., Steg, L., Geller, E. S., Lehman, P. K., & Postmes, T. (2013). Comparing the effectiveness of monetary versus moral motives in environmental campaigning. *Nature Climate Change, 3*(4), 413–416. https://doi.org/10.1038/NCLIMATE1767

30 siehe Anm. 4.

31 Kaiser, F. G., Henn, L., & Marschke, B. (2020). Financial rewards for long-term environmental protection. *Journal of Environmental Psychology, 68*, 101411. https://doi.org/10.1016/j.jenvp.2020.101411

32 Henn, L., Otto, S., & Kaiser, F. G. (2020). Positive spillover: The result of attitude change. *Journal of Environmental Psychology, 69*, 101429. https://doi.org/10.1016/j.jenvp.2020.101429

33 Goldstein, N. J., Cialdini, R. B., & Griskevicius, V. (2008). A room with a viewpoint: Using social norms to motivate environmental conservation in hotels. *Journal of Consumer Research, 35*(3), 472–482. https://doi.org/10.1086/586910

34 Schultz, P. W., Estrada, M., Schmitt, J., Sokoloski, R., & Silva-Send, N. (2015). Using in-home displays to provide smart meter feedback about household electricity consumption: A randomized control trial comparing kilowatts, cost, and social norms. *Energy, 90*, 351–358. https://doi.org/10.1016/j.energy.2015.06.130

35 Cialdini, R. B., Reno, R. R., & Kallgren, C. A. (1990). A focus theory of normative conduct: Recycling the concept of norms to reduce littering in public places. *Journal of Personality and Social Psychology, 58*(6), 1015–1026. https://doi.org/10.1037/0022-3514.58.6.1015

36 Cialdini, R. B., Demaine, L. J., Sagarin, B. J., Barrett, D. W., Rhoads, K., & Winter, P. L. (2006). Managing social norms for persuasive impact. *Social Influence, 1*(1), 3–15. https://doi.org/10.1080/15534510500181459

37 Keizer, K., Lindenberg, S., & Steg, L. (2008). The spreading of disorder. *Science, 322*(5908), 1681–1685. https://doi.org/10.1126/science.1161405

38 Schultz, P. W., Nolan, J. M., Cialdini, R. B., Goldstein, N. J., & Griskevicius, V. (2007). The constructive, destructive, and reconstructive power of social norms. *Psychological Science, 18*(5), 429–434. https://doi.org/10.1111/j.1467-9280.2007.01917.x.

39 Harré, N. (2018). *Psychology for a better world: Working with people to save the planet*. Auckland University Press.

40 Wood, W., Quinn, J. M., & Kashy, D. A. (2002). Habits in everyday life: thought, emotion, and action. *Journal of Personality and Social Psychology, 83*(6), 1281–1297. https://doi.org/10.1037/0022-3514.83.6.1281

41   Verplanken, B., Aarts, H., & van Knippenberg, A. (1997). Habit, information acquisition, and the process of making travel mode choices. *European Journal of Social Psychology, 27*(5), 539–560. https://doi.org/10.1002/(SICI)1099-0992(199709/10)27:5<539::AID-EJSP831>3.0.CO;2-A

42   Verplanken, B., Aarts, H., van Knippenberg, A., & van Knippenberg, C. (1994). Attitude versus general habit: Antecedents of travel mode choice. *Journal of Applied Social Psychology, 24*(4), 285–300. https://doi.org/10.1111/j.1559-1816.1994.tb00583.x

43   Verplanken, B., & Orbell, S. (2003). Reflections on past behavior: a self-report index of habit strength 1. *Journal of Applied Social Psychology, 33*(6), 1313–1330. https://doi.org/10.1111/j.1559-1816.2003.tb01951.x

44   Wood, W., Tam, L., & Witt, M. G. (2005). Changing circumstances, disrupting habits. *Journal of Personality and Social Psychology, 88*(6), 918–933. https://doi.org/10.1037/0022-3514.88.6.918

45   Klöckner, C. A., & Matthies, E. (2004). How habits interfere with norm-directed behaviour: A normative decision-making model for travel mode choice. *Journal of Environmental Psychology, 24*(3), 319–327. https://doi.org/10.1016/j.jenvp.2004.08.004

46   Thøgersen, J., & Møller, B. (2008). Breaking car use habits: The effectiveness of a free one-month travelcard. *Transportation, 35*(3), 329–345. https://doi.org/10.1007/s11116-008-9160-1

47   Fujii, S., & Kitamura, R. (2003). What does a one-month free bus ticket do to habitual drivers? An experimental analysis of habit and attitude change. *Transportation, 30*(1), 81–95. https://doi.org/10.1023/A:1021234607980

48   Davidov, E. (2007). Explaining habits in a new context the case of travel-mode choice. *Rationality and Society, 19*(3), 315–334. https://doi.org/10.1177/1043463107077392

49   Holland, R. W., Aarts, H., & Langendam, D. (2006). Breaking and creating habits on the working floor: A field-experiment on the power of implementation intentions. *Journal of Experimental Social Psychology, 42*(6), 776–783. https://doi.org/10.1016/j.jesp.2005.11.006

50   Ajzen, I. (1985). From intentions to actions: A theory of planned behavior. In J. Kuhl & J. Beckmann (Eds.), *Action control* (pp. 11–39). Springer. https://doi.org/10.1007/978-3-642-69746-3_2

51   Schwartz, S. H. (1977). Normative influence on altruism. In L. Berkowitz (Ed.), *Advances in experimental social psychology* (pp. 221–279). Academic Press. https://doi.org/10.1016/S0065-2601(08)60358-5

52   Farage, L., Uhl-Haedicke, I., & Hansen, N. (2021). Problem awareness does not predict littering: A field study on littering in the Gambia. *Journal of Environmental Psychology, 77*(1), 101686. https://doi.org/10.1016/j.jenvp.2021.101686

53   Stern, P. C. (2000). Toward a coherent theory of environmentally significant behavior. *Journal of Social Issues, 56*(3), 407–424. https://doi.org/10.1111/0022-4537.00175

54   Dunlap, R. E., & Van Liere, K. D. (1978). The „New Environmental Paradigm". *The Journal of Environmental Education 9*, 10–19. https://doi.org/10.1080/00958964.1978.10801875

55   Abrahamse, W., & Steg, L. (2011). Factors related to household energy use and intention to reduce it: The role of psychological and socio-demographic variables. *Human Ecology Review, 18*(1), 30–40.

56   Bamberg, S., & Schmidt, P. (2003). Incentives, morality, or habit? Predicting students' car use for university routes with the models of Ajzen, Schwartz and Triandis. *Environment and Behavior, 35*(2), 264–285. https://doi.org/10.1177/0013916502250134

57   Dittmar, H. (1992). Perceived material wealth and first impressions. *British Journal of Social Psychology, 31*(4), 379–391. https://doi.org/10.1111/j.2044-8309.1992.tb00980.x

58   Stradling, S. G., Meadows, M. L., & Beatty, S. (1999). *Factors affecting car use choices.* Transport Research Institute, Napier University.

59   Griskevicius, V., Tybur, J. M., & van den Bergh, B. (2010). Going green to be seen: Status, reputation, and conspicuous conservation. *Journal of Personality and Social Psychology, 98*(3), 392–404. https://doi.org/10.1037/a0017346

60   siehe Anm. 57.

61   Kraft, P., Rise, J., Sutton, S., & Røysamb, E. (2005). Perceived difficulty in the theory of planned behaviour: Perceived behavioural control or affective attitude? *British Journal of Social Psychology, 44*(3), 479–496. https://doi.org/10.1348/014466604X17533.

62   Smith, S. M., Haugtvedt, C. P., & Petty, R. E. (1994). Attitudes and recycling: Does the measurement of affect enhance behavioral prediction? *Psychology & Marketing, 11*(4), 359–374. https://doi.org/10.1002/mar.4220110405

63   Pelletier, L. G., Tuson, K. M., Green-Demers, I., Noels, K., & Beaton, A. M. (1998). Why are you doing things for the environment? The motivation toward the environment scale (MTES). *Journal of Applied Social Psychology, 28*(5), 437–468. https://doi.org/10.1111/j.1559-1816.1998.tb01714.x

64 Volkswagen. (2009a). *The Fun Theory 1 – Piano Staircase Initiative*. https://www.youtube.com/watch?v=SByymar3bds

65 Volkswagen. (2009b). The Fun Theory 2 – The World's Deepest Bin. https://www.youtube.com/watch?v=qRgWttqFKu8&ab_channel=Volkswagen

66 Hubbub. (2017). *Using Nudge to Stop Cigarette Litter*. https://www.youtube.com/watch?v=H1le8haaKAA

67 Geller, E. S. (2002). The challenge of increasing pro-environment behavior. In R. B. Bechtel & A. Churchman (Eds.), *Handbook of Environmental Psychology* (pp. 525–540). Wiley.

68 siehe Anm. 67.

69 Schultz, P. W. (2014). Strategies for promoting proenvironmental behavior: Lots of tools but few instructions. *European Psychologist, 19*(2), 107–117. https://doi.org/10.1027/1016-9040/a000163

70 Abrahamse, W., Steg, L., Vlek, C., & Rothengatter, T. (2005). A review of intervention studies aimed at household energy conservation. *Journal of Environmental Psychology, 25*(3), 273–291. https://doi.org/10.1016/j.jenvp.2005.08.002

71 Staats, H., Wit, A., & Midden, C. (1996). Communicating the greenhouse effect to the public: Evaluation of a mass media campaign from a social dilemma perspective. *Journal of Environmental Management, 45*, 189–203. https://doi.org/10.1006/jema.1996.0015

72 Kluger, A. N., & DeNisi, A. (1996). The effects of feedback interventions on performance: A historical review, a meta-analysis, and a preliminary feedback intervention theory. *Psychological Bulletin, 119*(2), 254–284. https://doi.org/10.1037/0033-2909.119.2.254

73 Austin, J., Hatfield, D. B., Grindle, A. C., & Bailey, J. S. (1993). Increasing recycling in office environments: The effects of specific, informative cues. *Journal of Applied Behavior Analysis, 26*(2), 247–253. https://doi.org/10.1901/jaba.1993. 26–247

74 Dickerson, C. A., Thibodeau, R., Aronson, E., & Miller, D. (1992). Using cognitive dissonance to encourage water conservation. *Journal of Applied Social Psychology, 22*(11), 841–854. https://doi.org/10.1111/j.1559-1816.1992.tb00928.x

75 Werner, C., Brown, B., & Gallimore, J. (2010). Light rail use is more likely on "walkable" blocks: Further support for using micro-level environmental audit measures. *Journal of Environmental Psychology, 30*(2), 206–214. https://doi.org/10.1016/j.jenvp.2009.11.003

76 Nichols Kearns, J. (2011). *Doo diligence: A study of San Diegians pet waste habits.* Paper presented at the annual CASQ meeting, Lake Tahoe, CA.

77 McKenzie-Mohr, D. (2011). *Fostering sustainable behavior: An introduction to community-based social marketing* (3 ed.). New Society.

78 Matthies, E., Klöckner, C. A., & Preißner, C. L. (2006). Applying a modified moral decision making model to change habitual car use: How can commitment be effective? *Applied Psychology: An International Review, 55*(1), 91–106. https://doi.org/10.1111/j.1464-0597.2006.00237.x

79 Locke, E. A., & Latham, G. P. (1990). *A theory of goal setting & task performance.* Prentice-Hall.

80 Merziger, A., & Neumann, K. (2010). Energy Neighbourhoods-Bet to Win! The Climate Competition between Municipalities and Their Citizens.

81 Schultz, P. W. (1999). Changing behavior with normative feedback interventions: A field experiment on curbside recycling. *Basic and Applied Social Psychology, 21*(1), 25–36. https://doi.org/10.1207/15324839951036533

82 Schultz, P. W., & Kaiser, F. G. (2012). Promoting pro-environmental behavior. In S. D. Clayton (Ed.), *The Oxford handbook of environmental and conservation psychology* (pp. 556–580). Oxford University Press. https://doi.org/10.1093/oxfordhb/9780199733026.013.0029

83 Nolan, J., & Schultz, P. W. (2015). Prosocial behavior and environmental action. In D. A. Schroeder & W. G. Graziano (Eds.), *Handbook of prosocial behavior.* Oxford University Press. https://doi.org/10.1093/oxfordhb/9780195399813.013.011

84 Wilke, H. A. (1991). Greed, efficiency and fairness in resource management situations. *European Review of Social Psychology, 2*(1), 165–187. https://doi.org/10.1080/14792779143000051

85 Dawes, R. M. (1980). Social dilemmas. *Annual Review of Psychology, 31*(1), 169–193.

86 siehe Anm. 84.

87 Gärling, T., Jakobsson, C., Loukopoulos, P., & Fujii, S. (2008). Acceptability of road pricing. In E. Verhoef, M. Bliemer, L. Steg, & B. van Wee (Eds.), *Pricing in road transport: A multi-disciplinary perspective* (pp. 193). Edward Elgar Publishing. https://doi.org/10.4337/9781848440258.00017

88 Schuitema, G., Steg, L., & van Kruining, M. (2011). When are transport pricing policies fair and acceptable? *Social Justice Research, 24*(1), 66–84. https://doi.org/10.1007/s11211-011-0124-9

89 Biel, A., Eek, D., Gärling, T., & Gustafsson, M. (2008). *New issues and paradigms in research on social dilemmas.* Springer Nature.

90   Sally, D. (1995). Conversation and cooperation in social dilemmas: A meta-analysis of experiments from 1958 to 1992. *Rationality and Society, 7*(1), 58–92. https://doi.org/10.1177/1043463195007001004

91   Bouman, T., Steg, L., & Perlaviciute, G. (2021). From values to climate action. *Current Opinion in Psychology, 42,* 102–107. https://doi.org/10.1016/j.copsyc.2021.04.010

92   Bouman, T., Steg, L., & Zawadzki, S. J. (2020). The value of what others value: When perceived biospheric group values influence individuals' pro-environmental engagement. *Journal of Environmental Psychology, 71,* 101470. https://doi.org/10.1016/j.jenvp.2020.101470

93   Schuitema, G., Steg, L., & Forward, S. (2010). Explaining differences in acceptability before and acceptance after the implementation of a congestion charge in Stockholm. *Transportation Research. Part A: Policy and Practice, 44*(2), 99–109. https://doi.org/10.1016/j.tra.2009.11.005

94   Brehm, J. W. (1966). *A theory of psychological reactance.* Academic Press.

95   Gneezy, U., & Rustichini, A. (2000). A fine is a price. *The Journal of Legal Studies, 29*(1), 1–17. https://doi.org/10.1086/468061

96   Bamberg, S. (2013). Changing environmentally harmful behaviors: A stage model of self-regulated behavioral change. *Journal of Environmental Psychology, 34,* 151–159. https://doi.org/10.1016/j.jenvp.2013.01.002

97   Diesenreiter, C. (2021). *Nachhaltig gibt's nicht!* Molden Verlag.

Bildnachweis

S.52   https://commons.wikimedia.org/wiki/File:Kaninchen_und_Ente.png#/media/File:Kaninchen_und_Ente.png

S. 56   Eigene Darstellung, Grafik angelehnt an Bolderdijk et al. (2011)

S.62   Eigene Darstellung, Grafik angelehnt an Goldstein et al. (2008)

S.65   Eigene Darstellung, Grafik angelehnt an Schultz et al. (2015)

S.69   Eigene Darstellung, Grafik angelehnt an Cialdini et al. (2006)

S. 110   Eigene Darstellung, Grafik angelehnt an Schultz (2014)

Empfohlene Literatur

Ein Buch für alle, die nicht genau wissen, was richtig ist und was falsch – für Nachhaltigkeits-Profis und jene, die es werden wollen!

Cornelia Diesenreiter
Nachhaltig gibt's nicht!
Hardcover | 13,5 x 21,5 cm | 176 Seiten | ISBN 978-3-222-15059-3 | Molden Verlag | ET: 18.02.2021 | € 22,-

Der Klimawandel ist präsenter denn je. Helga Kromp-Kolb und Herbert Formayer zeigen anhand vieler praktischer Beispiele, wie stark unser Alltag bereits betroffen ist und was wir tun können.

Helga Kromp-Kolb / Herbert Formayer
Plus zwei Grad
Warum wir uns für die Rettung der Welt erwärmen sollten
Hardcover mit SU | 13,5 x 21,5 cm | 208 Seiten | ISBN 978-3-222-15022-7 | Molden Verlag | ET: 18.10.2018 | € 23,-

169

Zum weiteren Eintauchen in das Thema ...

Weltenwanderer: zu Fuß um die halbe Welt
von Gregor Sieböck, MALIK Verlag, 2011

Klimawandel: Fakten gegen Fake und Fiction
von Marcus Wadsak, Braumüller Verlag, 2020

Ändert sich nichts, ändert sich alles: Warum wir jetzt für unseren Planeten kämpfen müssen
von Katharina Rogenhofer und Florian Schlederer,
Zsolnay Verlag, 2021

Das neue Schwarzbuch Markenfirmen: die Machenschaft der Weltkonzerne
von Werner Lobo und Hans Weiss, Ullstein Verlag, 2010

Unsere Welt neu denken: eine Einladung
von Maja Göpel, Ullstein Verlag, 2020

Fairknallt: mein grüner Kompromiss
von Marie Nasemann, Ullstein Verlag, 2021

Starkes weiches Herz: Wie Mut und Liebe unsere Welt verändern können
von Madeleine Alizadeh, Ullstein Verlag, 2019

Noch haben wir die Wahl: ein Gespräch über Freiheit, Ökologie und den Konflikt der Generationen
von Luisa Neubauer und Bernd Ulrich, Tropen Verlag, 2021

Psychology for a better world: Working With People to Save the Planet
von Niki Harré, Auckland University Press, 2018

Plastic Planet
Dokumentation von Werner Bode, 2009

The True Cost – der wahre Preis der Mode
Dokumentation, 2015

Cowspiracy
Dokumentation, 2014

Über die Autorin

Dr. Isabella Uhl-Hädicke ist Umweltpsychologin an der Universität Salzburg. Sie forscht und lehrt zu den Themen Förderung von umweltfreundlichem Verhalten und Klimawandelkommunikation. Darüber hinaus unterstützt sie Unternehmen, NGOs und Politik bei der Umsetzung von wissenschaftlichen Erkenntnissen zum Umwelt- und Klimaschutz. Sie will als Vermittlerin zwischen Wissenschaft und Praxis zu einer lebenswerten und nachhaltigen Zukunft beitragen. 2021 wurde sie zur Österreicherin des Jahres nominiert, sie ist Mitglied des wissenschaftlichen Beirats des Klimarats des Österreichischen Bundesministeriums für Klimaschutz und hat seit Jänner 2022 im ORF eine Klimaserie mit Marcus Wadsak.

Danke

Meinen Eltern dafür, dass ihr immer an mich glaubt, mir alle Lebenswege eröffnet und somit ein gutes Leben ermöglicht.

Besonderer Dank geht an meine **Mama** oder besser gesagt Oma: Ohne dich und deine großartige Unterstützung würde es dieses Buch nicht geben.

Paul dafür, dass du mir in allen Lebenslagen den Rücken stärkst, oft die letzten Zweifel bei neuen Ideen ausräumst und wir gemeinsam einfach besser sind!

Helena dafür, dass du so viel Freude und Liebe in unser Leben bringst und mich tagtäglich inspirierst und motivierst.

Marlene dafür, dass du meine Stärken und Schwächen kennst und keine Scheu davor hast, es je nach Lebenslage einzusetzen ☺. Danke für deinen grenzenlosen Support.

Oma oder besser gesagt Urli: meinem größten Fan seit Stunde eins.

Ulli dafür, dass du immer an dieses Buch geglaubt hast und wir es nach dieser Abenteuerreise jetzt tatsächlich in unseren Händen halten können. Danke an das gesamte **Molden-Team** für eure tolle und vielseitige Unterstützung, **Caro** für die schöne Grafik und **Joe** für die Korrekturen, **Alex** für die Fotos.

Susn, Laura und Lara für die tolle Zusammenarbeit, euren engagierten Einsatz und euer stetig motivierendes Feedback.

Sophie Kirchner, die beste Fotografin.

An all die Personen, die direkt oder indirekt zu diesem Buch beigetragen haben: meine tollen **FreundInnen** und meine **Familie**, mein **Arbeitsumfeld** mit unterstützenden **KollegInnen** und interessierten **Studierenden, Teilnehmende** an meinen Vorträgen und ihr positives Feedback, unermüdlich **Engagierte** für den **Umwelt- und Klimaschutz** – lokal und global, und generell **alle**, die durch ihre interessanten Inputs in den letzten Jahren meine Motivation dranzubleiben gestärkt haben.

Liebe Leserin, lieber Leser, hat Ihnen dieses Buch gefallen?

Dann freuen wir uns
über Ihre Weiterempfehlung,
Austausch und Anregung unter
leserstimme@styriabooks.at

Inspirationen, Geschenkideen
und gute Geschichten finden Sie auf
www.styriabooks.at

Impressum

© 2022 by Molden Verlag
in der Verlagsgruppe Styria GmbH & Co KG
Wien – Graz

ISBN 978-3-222-15077-7

Bücher aus der Verlagsgruppe Styria gibt es
in jeder Buchhandlung und im Online-Shop
www.styriabooks.at

Projektleitung & Lektorat: Ulli Steinwender
Korrektorat: Joe Rabl
Cover, Layout und Illustrationen: Buero Blank,
Caroline Plank-Bachselten

Druck und Bindung: Finidr
Klimaneutral gedruckt auf Nautilus® Recyclingpapier (Mondi)
Printed in the EU
7 5 3 1 2 4 6

„Was wir heute tun,
entscheidet darüber,
wie die Welt morgen
aussieht."

Marie von Ebner-Eschenbach